숲으로 가자

KB193181

Andrea Erkert, Raus in den Wald!
Spiele und Ideen rund um Wald und Wiese ©2009 edition Verlag Herder GmbH, Freiburg im Breisgau
Korean Translation Copyright ©2012 by Homi Publishing House Korean Translation published by arrangement with Verlag Herder GmbH through Imprima Korea Agency

숲유치원과 숲학교를 위한 자연물 놀이 108가지
숲으로 가자

처음 펴낸 날 | 2012년 10월 20일
개정 1쇄판 | 2025년 3월 5일

지은이 | 안드레아 에르케르트
옮긴이 | 장희정
그림 | 박정신

펴낸이 | 조인숙
펴낸곳 | 호미출판사
등록 | 2019년 2월 21일(제2019-000011호)
주소 | 서울시 양천구 목동서로 287 1508호
영업 | 02-322-1845
팩스 | 02-322-1846
전자우편 | homipub@naver.com

디자인 | 끄레 어소시에이츠
인쇄 제작 | 수이북스

ISBN 979-11-990326-1-3 13370
값 | 17,000원

(호미) 생명을 섬깁니다. 마음밭을 일굽니다.

숲유치원과 숲학교를 위한 자연물 놀이 108가지

숲으로 가자

안드레아 에르케르트 지음, 장희정 옮김

초ㅁ

아이들의 몸과 마음을 깨워 주는 숲놀이

자연 숲활동은 날씨에 상관없이 진행된다. 날씨에 맞춰 옷을 잘 입으면 비가 오거나 눈이 오는 날에도 큰 어려움 없이 활동할 수 있다. 아이들은 자연 숲에서 작지만 소중한 자연물을 발견하고 모으는 숲놀이를 하는데, 이런 활동을 통해 아이들은 자연을 편안하고 즐거운 학습장으로 받아들이게 된다. 아이들은 자연 숲을 만남으로써, 공장에서 만들어진 장난감을 손에서 놓고 스스로 놀잇감과 놀이를 만든다. 아울러 좁고 폐쇄된 실내 교육 공간을 벗어나 마음껏 상상하고 활기차게 움직일 수 있다. 자연 숲이야말로 아이들한테는 진정한 대안교육의 장인 셈이다.

다양한 자연물이 아이들 놀이 교육에 그 무엇보다 적합하고 가치가 있음을 여러 교육 전문가가 강조해 왔으며, 이러한 사실을 토대로 지금 온 세계에서 숲유치원, 자연유치원이 확대되고 있다. 지금 이 순간에도 세계의 숲교사들은, 자연 숲 공간에서 아이들과 부모들이 자연과 관계 맺기 놀이와 체험 영역을 확대하면서 아이들이 자유롭게 상상력을 펼칠 수 있도록 노력하고 있다. 지금 이 순간에도 세계 곳곳에서 많은 아이들이 덤불과 나무로 집을 짓고, 쓰러진 나무 위를 걸으며 균형을 잡고, 땅 위로 드러난 나무뿌리를 잡고 언덕을 오르고, 자연 관찰을 위해 생태 연못과 화단을 만들고, 때로는 실내 공간에서 자연에서 수집한 자연물을 이용해 인형놀이, 소꿉놀이 등을 즐기고 있을 것이다.

이 책은 자연물을 이용한 숲놀이를 소개함으로써, 자라는 아이들이 자연 숲에 더욱 가깝게 다가갈 수 있도록 돕고자 한다. 숲과 들판에서 힘차게 뛰어놀며 창조적인 놀이와 경험을 쌓는, 자연물을 이용한 놀이가 아이들에게 큰 즐거움을 제공하리라 믿는다. 아울러, 이 책이 소개하는 다양한 숲놀이가 아이들이 자연 숲을 체험하고, 자기 능력을 발견하고, 자아의식을 형성하고, 자연에 있는 작은 사물 하나하나를 인지하고 깨우쳐 가는 데에 도움이 되기를 바란다.

아이들은 숲놀이를 통해 몸 움직임의 즐거움을 느끼고, 호기심을 깨우며, 관찰 능력을 키우며, 살아가는 데에 필요한 여러 경험을 익힌다. 그리고 무엇보다 계절의 다양한 현상과 변화를 인식하면서 우리 모두가 자연의 일부임을 이해하게 된다.

자연물 놀이를 통해 큰 기쁨을 얻길 바라며….

안드레아 에르케르트Andrea Erkert

숲교사를 위한 숲놀이 길잡이 책

숲을 처음 만나는 아이들은 숲이 낯설기 마련이다. 그래서 부모님이나 선생님을 따라 숲에 한번 가 봐서 별다른 즐거움을 느끼지 못하면 다음부터는 숲에 가는 걸 꺼리게 된다.

특히 아이들은 오락과 텔레비전 등 비교할 수 있는 즐거움(?)에 이미 길들여진 탓에 더더욱 숲에 가지 않으려고 하기가 쉽다. 그렇기 때문에, 아이들이 스스로 숲의 즐거움을 찾을 때까지 숲과 친해질 수 있는, '자연 숲과 관계 맺기 과정'이 필요하다.

이 책은 바로 '아이들이 숲과 가까워지게 하려면 무엇을 해야 하는가?' '아이들이 숲을 즐길 수 있는 방법은 무엇인가?' 하는 지점을 고민하는 숲교사를 위한, 숲놀이 길잡이책이다. 독일 숲교육 놀이 전문가인 안드레아 에르케르트의 여러 저서 가운데에서 유독 이 책을 골라 우리나라 숲교육자에게 소개하는 이유가 거기에 있다.

책은 숲속 활동의 연속적인 흐름이 가능한, 다음과 같은 내용을 담고 있다.

□ 인사하며 서로 친해지는 놀이

□ 마음껏 뛰어놀며 주의력을 키우는 놀이

□ 집중력과 유연한 움직임을 키우는 놀이

□ 언어 능력 발달을 위한 놀이

□ 창의적 예술성을 높이는 놀이

□ 주의력과 움직임을 키우는 놀이

□ 음악 감각과 표현 능력을 키우는 놀이

□ 상상력을 키우는 놀이

□ 숲활동을 마무리하는 놀이

□ 헤어질 때 하는 놀이

이 열 가지 영역을 중심으로 각각의 주제 영역에 적합한 다양한 놀이들을 제시하고 있는데, 여기에 제시된 모든 놀이와 그것의 응용 놀이는 오랫동안 현장에서 아이들과 놀이를 통해 검증하여 완성된 것이다.

동적인 놀이에서부터 정적인 놀이에 이르기까지 계절에 따라 다양하게 선택할 수 있는 풍부한 놀이들이 담겨 있으며, 이 놀이들은 유아/유치원생 연령뿐만 아니라 초등학교 아이들에게도 매우 효과적일 뿐더러, 실내외에서 진행하는 데 전혀 무리가 없다.

아이들한테는 분명히 아이들만의 놀이가 있다. 이 책 「숲으로 가자」는 아이들이 그들만의 놀이를 찾아내어 놀 수 있도록 이끌어 주는 징검다리가 될 것이다.

독일에서 특수교육을 전공하고 주한독일유치원에 근무하면서 아이들 일이라면 모든 일을 미루고 앞장서는 이영주 선생께서 번역을 도와주셨다. 그 노고에 고개 숙여 고마운 마음을 보낸다.

2012년 가을날에 장희정

학부모 안내문 만들기

　아이들을 자연 숲으로 보내는 학부모는 여러 가지로 궁금하기 마련이다. "어떤 옷을 입혀야 할까?" "무엇을 챙겨야 할까?" "아이들이 숲에서 어떤 놀이를 할까?"

　숲교사는 이런 학부모를 위해 간략하게, 숲활동의 의미와 활동 내용과 효과를 알리고 숲활동에 필요한 물품들을 적은 안내문을 보낸다.

안내문

존경하는 학부모님께

아이들이 자연 숲으로 나가 신 나게 활동하며 오감으로 탐험하는 여행을 떠나려 합니다. 아이들은 자연 숲을 탐험하며 감각을 키우는 놀이를 하고 동식물을 관찰합니다. 또한 계절에 따라 간단한 자연물을 모아 창의적인 놀이를 합니다.

숲에서 이루어지는 놀이와 활동을 통해, 아이들은 언어와 사고 능력이 발달되고 풍부한 감수성을 가지게 되며, 자연과 사람의 아름다운 관계를 배웁니다.

아이들이 추위나 비바람 등에도 편안하게 숲활동을 할 수 있도록 신발과 옷차림에 신경을 쓰고, 간식은 유기농 과일, 채소, 빵을 챙겨 주세요. 음식물은 포장 쓰레기가 나오지 않도록 도시락에 담아 주고, 음료수는 깨어지지 않는 재질로 된 보온병에 담아 주세요. 준비물은 배낭에 담아 아이들이 양손을 자유롭게 쓸 수 있도록 해 주고, 배낭은 되도록 가볍게 챙겨 주세요.일정은 다음과 같습니다.

날짜 0000년 00월 00일

시간 00부터 00까지

자연 숲활동은 날씨 조건에 상관없이 진행됩니다. 학부모님들의 적극적인 협조와 많은 관심을 부탁드립니다. 고맙습니다.

0000년 00월 00일

안내문 만드는 방법

보기 1

준비물 나뭇가지 1개(참석자 모두), 활엽수 또는 야생화 잎 여러 장, 잎이 긴 풀이나
지푸라기, 짙은 녹색 마분지 1장, 투명한 테이프, 풀, 은색 혹은 금색 펜

아이들이 직접 부모님에게 보낼 안내문을 동그랗게 말아 풀어
지지 않게 투명한 테이프로 붙인다. 동그랗게 만 안내문 위에 작
은 막대기와 야생화 또는 마른 활엽수 잎 등을 올려놓고 풀잎이
나 지푸라기로 묶는다.

짙은 녹색 마분지를 3센티미터×10센티미터 크기로 잘라 그
위에 "학부모 안내문"이라고 쓴 다음 잘 보이도록 붙인다. 아직
글씨를 모르는 유아라면, 교사가 대신해서 글씨를 쓰고 아이가
마분지를 잘 붙일 수 있도록 도와준다.

보기 2

준비물 파란색 사인펜, A3 크기 밝은 녹색 종이, 색연필, 풀, 자연물(풀잎, 꽃, 작은
나무 조각 등) 약간. A5 크기로 복사한 숲활동 장소 사진.

A3 크기 밝은 녹색 종이를 반으로 접어 그 위에 복사한 숲 사
진을 붙인다. 짙은 파란색 사인펜으로 사진 바로 위에 "학부모 안
내문"이라 쓴다.

그밖에 빈 공간은 색연필과 자연물로 자유롭게 장식하고, 뒷장에는 아이의 이름을 적는다. 마지막으로 A3 녹색 종이를 펼쳐 학부모님께 드리는 안내문을 안쪽에 붙인다.

경청하기, 함께하기 그리고 규칙 정하기

아이들과 함께 숲으로 가기 전에, 서로 지켜야 중요한 규칙들을 간략하고 명확하게 정해야 한다.

놀잇말 놀이를 통해, 아이들은 숲활동을 하면서 지켜야 할 규칙들을 익힐 수 있다.

준비물 돋보기, 활엽수, 마른 잎, 빈 봉투

두 명이 한 조가 되어 돋보기를 받는다. 교사가 지정한 조가 규칙을 선창하면, 나머지 아이들은 지켜야 할 행동을 말한다. 다음 두 번째 조가 다른 규칙을 선창하면, 나머지 아이들은 그에 맞는 행동을 큰 소리로 정확하게 말한다.

1조 우리는 같은 조다.

나머지 아이들 우리는 훌륭한 부대다!

(서로 엇갈리며 전체 놀이 장소를 돌아다닌다.)

2조 우리는 숲에서 조용한다.

나머지 아이들 (나지막한 목소리로) 자, 이제 탐험을 시작하자!

(제자리에 서서 조용히 숲의 소리를 귀 기울여 듣는다.)

3조 우리는 식물을 건드리지 않는다.

나머지 아이들 돋보기로 더 잘 볼 수 있다!

(주변에 있는 식물을 돋보기로 관찰한다.)

4조 우리는 동물을 사랑한다.

나머지 아이들 동물도 우리와 같은 귀한 생명이다.

(숲에서 찾을 수 있는 동물 이름을 말한다.)

5조 죽은 동물은 건드리지 않는다.

나머지 아이들 선생님한테 알린다.

(선생님과 함께 동물을 묻는 흉내를 낸다.)

6조 다치지 않도록 조심한다.

나머지 아이들 나뭇가지를 손에 쥐고 달리지 말자!

(이리저리 뛰어다니면서 서로에게 빈손을 보여준다.)

7조 나무 열매를 함부로 먹지 않는다.

나머지 아이들 가져온 음식만 먹자!

(가방에서 간식을 꺼내 먹는 시늉을 한다.)

8조 숲을 더럽혀서는 안 된다.
나머지 아이들 쓰레기는 우리가 가져가자!

다 함께 숲은 우리의 놀이터다.
(쓰레기를 주워 빈 봉투에 담는 시늉을 한다.)

놀이를 마치고 모두 둥글게 둘러앉아, 위에서 말한 규칙들 외에 필요한 것이 더 있는지 이야기해 본다.

숲놀이에 앞서 준비해야 할 점들

숲활동 장소는 가까운 곳으로 정하는 것이 좋다. 가까운 곳에 적당한 숲이 없으면 대중교통을 이용해 이동한다.

길을 걸을 때, 아이들은 안전 규칙을 충분히 익혀야 한다. 이때 교사는 아이들 개개인의 성향과 전체 상황을 잘 살펴야 한다. 예를 들어, "누가 누구와 함께 걸으면 좋을지," "숲으로 이동하는 동안 누가 앞장서서 아이들을 이끌고, 중간과 맨 뒤에서는 누가 아이들을 보살필지" 등을 그날 상황에 맞춰 잘 고려해야 한다.

교사는 숲활동 장소를 미리 답사해 주변 지리를 완벽하게 익혀야 한다. 또한 위급한 상황에 대비해 휴대 전화기를 꼭 챙겨야 한다. 아울러 보조 옷, 화장지, 손 씻을 물, 구급약품, 주머니칼, 호루라기 따위를 준비해야 한다. 필요하다면, 곤충도감과 식물도감을 미리 준비하는 것도 숲활동에 도움이 된다.

이 책에서 교사를 위해 숲놀이를 소개하고 있지만, 교사가 이끄는 숲놀이 시간을 필요 이상으로 길게 끄는 것은 바람직하지 않다. 교사는 아이들 스스로 놀이를 찾을 수 있도록 돕는 마음을 가지는 것이 더욱 중요하다.

그렇다면 아이들은 무엇을 준비해야 할까?

땅바닥에서 올라오는 찬 기운을 막는 방수 방석을 반드시 준비해야 한다. 곤충이나 식물을 관찰하기 위한 돋보기도 필요하다. 그밖에 자연 탐험가로서 사용할 모종삽, 숲에서 수집한 자연물들을 담을 헝겊 주머니도 함께 배낭 안에 챙긴다.

차례

제1장
인사하며 서로 친해지는 놀이

제2장

마음껏 뛰어놀며 주의력을 키우는 놀이

제3장

집중력과 유연한 움직임을 키우는 놀이

제4장
언어 능력 발달을 위한 놀이

제5장

창의적 예술성을 높이는 놀이

제6장

주의력과 움직임을 키우는 놀이

제7장
음악 감각과 표현 능력을 키우는 놀이

제8장
상상력을 키우는 놀이

제9장
숲활동을 마무리하는 놀이

제10장
헤어질 때 하는 놀이

제1장

인사하며 서로 친해지는 놀이

하루를 잘 시작하는 게 무엇보다 중요하다.
유쾌하게 하루를 시작하면 아이들은 평온하고 즐거운 하루를
보낸다. 아이들은 숲에서 활동을 시작하기 전에
간단한 인사 놀이와 노래를 한다. 숲에서 흔히 구할 수 있는
자연물을 이용해 인사 놀이를 하면서 아이들의 몸과 마음을
활기차게 깨울 수 있다. 물론, 서로 인사를 나누는
놀이만으로는 충분하지 못할 때가 있다.
서로 아직 낯설거나 새로운 친구가 합류할 때 그러하다.
모임에 새로 들어온 아이는, "친구들과 잘 어울릴 수 있을까?
어떻게 하면 빨리 친구들을 사귈 수 있을까?" 같은
걱정을 하기 마련이다. 이러한 두려움이나 걱정을 사라지게
하고, 모임에 쉽게 어울리는 효과를 얻으려면
소속감을 느낄 수 있는, 간단한 규칙이 있는 놀이가 적합하다.
자연물을 이용해 이야기를 나누며 웃고 떠드는 가운데
아이들은 자연스럽게 가까워진다.

안녕! 반가워!

놀이 인원 8명 이상　준비물 알밤 1개

　아이들이 원을 만들고 선다. 먼저 한 아이가 자기 오른쪽에 있는 친구한테 "안녕!" 하고 인사를 건넨다. 인사를 받은 친구는 "반가워!" 하고 대답한다. 그러고는 오른쪽에 있는 친구한테 다시 "반가워!" 하고 인사를 하면 그 친구는 "안녕!" 하고 대답한다.

　이렇게 한 바퀴를 돌고 난 뒤, 아이들 모두 자기가 대답한 인사말, 곧 "안녕!" "반가워!"를 외친다. 이때 아이들은 자기가 한 인사말을 기억해야 한다. 그런 다음, 아이들은 자리에 앉는다.

　이때 교사는 한 아이를 술래로 정하여 원 안에 들어가게 한다. 원 가운데로 들어간 술래는 "안녕," "반가워" 중 자기가 한 인사말을 크게 말한다.

　인사말이 끝나면, 원을 그리고 앉아 있던 아이들이 일어나 자리를 바꾸어 앉는다. 술래는 자기와 같은 인사말을 한 친구를 찾아야 한다. 맞히면, 술래가 바뀌고 놀이를 새로 시작한다.

나뭇잎 인사하기

놀이 인원 5명 이상 **준비물** 나뭇잎

모든 아이가 나뭇잎을 한 장씩 들고 둥글게 선 다음 술래를 정한다. 교사가 이야기하는 내용에 따라 술래가 오른쪽으로 돌아가면서 모든 친구한테 인사한다.

술래 왼쪽에 서 있던 친구들은 술래를 뒤따라가며 같은 방법으로 인사한다. 술래는 친구가 서 있던 빈자리에 서서 뒤따라오는 친구와 인사를 나눈다.

교사 말하지 않고 서로 눈을 마주치며 나뭇잎을 흔듭니다!

아이 술래는 오른쪽 친구와 눈을 마주치고 나뭇잎을 흔들며 인사하고, 이어서 술래 왼쪽에 서 있던 친구들이 뒤따라오며 인사를 나눈다.

교사 입으로 바람을 "후!" 하고 불어 나뭇잎을 멀리 날립니다!

아이 나뭇잎 인사를 마친 뒤, 손에 들고 있던 풀잎을 원 중심을

향해 불어 날린다.

교사 "만나서 반가워!" 하며 말을 건넵니다!

아이 나뭇잎 인사를 나눌 때와 마찬가지로 술래가 오른쪽으로 돌며 "만나서 반가워!" 하고 인사한 뒤, 친구 볼에 짧고 조심스럽게, "후!" 하고 바람 인사를 한다.

꽃 인사하기

놀이 인원 5명 이상   준비물 꽃 한 송이, 짧은 합창곡

아이들은 둥글게 서고 술래는 꽃을 들고 원 가운데로 들어간다. 아이들이 노래를 부르기 시작하면, 술래는 노래에 맞춰 자유롭게 춤을 춘다.

노래가 끝나면, 술래는 "나는 ○○에게 꽃 인사를 전하고 싶어"라고 말하며 함께 춤추고 싶은 친구 이름을 부른다. 호명된 친구가 원 안으로 들어가 꽃을 받으면 아이들은 다시 노래를 부르고 술래는 춤을 춘다.

노래가 끝나면 꽃을 든 아이는 술래가 되어 "나는 ○○에게 꽃 인사를 전하고 싶어"라고 말하며, 함께 춤추고 싶은 친구 이름을 부른다. 이렇게 돌아가면서 모든 아이가 꽃 인사를 나눈다.

냄비 두드리며 인사하기

놀이 인원 4-6명 준비물 냄비, 긴 나뭇가지, 눈가리개, 각자 다른 자연물

'냄비 두드리기'는 독일의 전통놀이로서 아이들 생일에 주로 행해진다. 이것을 조금 변화시키면 서로를 알아가는 놀이로 아주 적합하다. 여섯 명 이상이 함께 놀이를 할 때에는 두세 명이 한 조를 이루는 게 좋다.

아이들은 밤, 돌멩이, 나무껍질, 솔방울 같은 자연물을 하나씩 손에 들고 둥글게 선다. 술래부터 자기가 가진 자연물을 친구들에게 보여주며 짧게 설명한다.

모든 아이가 자연물을 설명하면 술래는 눈가리개를 한다. 그런 다음 교사는 술래가 눈치 채지 못하도록 다른 아이를 시켜 원 안에 냄비를 옮겨 놓는다.

이때 그 아이는 자기가 가지고 있던 자연물을 바닥에 놓고 냄비를 뒤집어 덮은 다음 자리로 돌아온다. 술래는 제자리에서 몇 바퀴 돈 다음 자리에 앉아 긴 나뭇가지로 바닥을 두드리며 냄비

를 찾기 시작한다.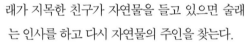

술래가 냄비 쪽으로 가까이 다가가면 다른 아이
들은 "앗 뜨거!"라고 말하고, 그러지 않으면 "앗 추
워!"라고 신호한다. 술래가 냄비를 찾아 두드리게
되면 눈가리개를 벗고 냄비 밑에 있는 자연물을 꺼내어 어느 친
구가 숨긴 것인지 알아맞혀야 한다.

술래가 냄비 아래 있던 자연물을 가지고 자연물 주인이라고 생
각한 친구에게 다가가서 "안녕!" 하고 인사하면, 그 친구는 양손
을 펴 보인다.

이때 빈손이면, 술래 역할을 바꾸고 놀이를 새로 시작한다. 술
래가 지목한 친구가 자연물을 들고 있으면 술래
는 인사를 하고 다시 자연물의 주인을 찾는다.

나무 아래에서 인사하기

놀이 인원 6명 이상 준비물 단단한 나뭇가지 2개

교사가 나뭇가지를 이용해 소리를 내는 동안, 아이들은 활동 장소를 자유롭게 뛰어다닌다. 그러다가 소리가 멈추면 미리 정해 둔 나무 중 자기가 있는 자리에서 가장 가까운 나무로 달려간다. 같은 나무에서 만난 아이들은 "반가워!" 하고 인사를 나눈다.

응용 놀이 장소가 좁을 때에는 뛰어다니는 대신 동물 흉내를 낼 수 있다. 교사는 리듬 치기를 시작하기 전에 흉내 낼 동물을 정해 준다.

아기 새야, 날아올라라!

놀이 인원 6명 이상   준비물 나뭇잎 모으기

모든 아이는 각자 나뭇잎을 이용해서 둥지를 만든다. 둥지와 둥지 간격은 달려갈 수 있을 정도(5, 6미터)의 충분한 거리를 유지한다.

아이들은 자신이 만든 둥지에 서 있다가, 술래가 "아기 새야, 아기 새야, 날아올라라!" 하고 외치면 둥지에서 나와 새로운 집을 찾아 날아간다.

새로운 집에 도착하면 술래에게 자기 둥지로 오라고 재잘거리며 손짓한다. 술래는 한 둥지로 가서 인사를 나눈 다음 역할을 바꾼다. 새로 술래가 된 아이는 아기 새가 아니라 다람쥐, 사슴 등 다른 동물로 바꾸어 말해야 한다.

예를 들면 "아기 다람쥐야, 아기 다람쥐야, 새 집을 찾아라!" 하고 외친다. 그와 동시에 모든 아이는 아기 다람쥐가 되어 새로운 둥지를 찾는다. 그러면 술래는 다시 다른 둥지로 가서 인사를 나눈 뒤 역할을 바꾼다.

솔방울 인사

놀이 인원 8명 이상 **준비물** 천 주머니, 작은 돌멩이, 솔방울

아이들 8명이 함께할 때, 4명은 돌멩이 4명은 솔방울을 하나
씩 찾는다. 아이들은 가져온 자연물을 자루에 넣고 둥글게 선다.
술래는 자루를 들고 아이들한테 다가가 주머니에 선을 넣어 두
가지 자연물 중 좋아하는 것을 선택하도록 한다.

그런 다음 돌멩이를 선택한 아이들과 솔방울을 선택한 아이들
이 나뉘어서 함께 모인다. 서로 이름을 말하면서 인사한 뒤 가지
고 있는 자연물을 자루에 모두 넣는다.

아이들은 다시 둥글게 원을 그리고 서서 새로운 술래가 주머니
를 들고 자연물을 선택하게 한다. 같은 방법으로 두세 차례 반복
하면서 인사 놀이를 한다.

응용 4명이 각각 돌멩이와 솔방울을 두 개씩 갖고 둥글게 서서
서로 같은 자연물을 가진 친구와 인사한다.

호두는 누가 갖게 될까?

놀이 인원 6명 이상   준비물 (참가자 모두) 호두 1개, 작은 돌멩이 1개

아이들은 작은 돌멩이, 교사는 호두를 손에 들고 서로 손을 잡을 수 있을 만큼 둥글게 앉는다. 손에서 손으로 돌멩이와 호두를 옮기며 모두 함께 이렇게 말한다.

손에서 손으로 돌멩이와 호두를 전달합니다.
계속 전달합니다. 계속, 계속, 계속, 계속….

교사가 한번 손뼉을 치면서 "멈춰!" 하고 신호할 때까지 아이들은 "계속"이라는 말을 반복한다. "멈춰!"라는 신호가 들릴 때, 호두를 들고 있는 아이가 술래가 된다.
술래는 자리에서 일어나 친구들한테 자기소개를 한다.

누구 차례일까, 살펴보자

놀이 인원 6명 이상   준비물 동일한 자연물, 불투명한 컵, 방수 방석

아이들한테 돌멩이, 도토리, 호두 같은 자연물 두 개와 불투명한 컵을 나누어 준다. 아이들은 둥글게 앉고 한 사람씩 원 가운데로 들어가서 자기가 가지고 있는 자연물 한 개를 땅에 놓고 컵으로 덮은 뒤 자리로 돌아가 앉는다.

모든 아이가 자연물을 다 놓은 뒤, 교사는 컵을 들어 그 안에 있는 자연물을 보여준다. 교사가 보여준 자연물이 호두였다면, 호두를 가진 아이는 원 안으로 들어가 자기 이름을 크게 말한다.

자기소개를 한 아이는 다시 다른 컵을 열어 그 속에 들어 있는 자연물을 모두한테 보여준다. 같은 자연물을 가지고 있는 아이는 원 안으로 들어와 자기소개를 하고 놀이를 이어간다.

누가 주인공이 될 수 있을까?

놀이 인원 5명 이상
준비물 도토리, 나뭇가지, 나뭇잎, 솔방울, 돌멩이 각각 1개

교사는 둥글게 앉아 있는 아이들
한테 각기 다른 자연물을 하나씩 나
누어 준다. 그런 다음 교사가 "도토
리를 가진 친구는 앞으로 나와서 이름을 말해 주세요!" 하고 놀
이를 시작한다.

도토리를 갖고 있는 아이는 원 가운데로 나가 큰 소리로 자기
이름을 외친 다음 다른 자연물을 말한다.

"솔방울을 갖고 있는 친구는 누구일까? 앞으로 나와 이름을 말
하자!"

이렇게 놀이를 반복하며 아이 모두 돌아가며 자기소개를 한다.

섬 찾기 놀이

놀이 인원 4명 이상 **준비물** 뚜껑 있는 작은 상자 1개, 모래, 작은 돌멩이

빈 상자 밑바닥을 모래와 작은 돌멩이로 덮어 작은 섬을 만든다. 아이들은 작은 섬을 중심으로 둘러서서 모두 눈을 감으면, 술래는 아이들이 서 있는 바깥쪽을 빙글빙글 돌다가 한 아이의 어깨를 톡톡 친다.

지명된 아이는 눈을 뜨고 상자로 만든 작은 섬을 조용히 다른 장소에 숨긴다. 그러고는 원 안으로 들어가 헤엄치듯 몸을 움직이며 "나는 숲의 바다를 헤엄치는 거북이, 올라가 쉴 수 있는 섬은 어디에 있을까!"라고 큰 소리로 외친다.

그러고 나면 다른 모든 아이가 눈을 뜨고 섬을 찾기 시작한다. 거북이한테 가장 먼저 섬을 찾아 주는 아이가 술래가 되어 놀이를 이어간다.

잠깐, 너는 이름이 뭐니?

놀이 인원 4명 이상
준비물 밤송이 1개, 짧고 굵은 나뭇가지 2개

아이들은 모두 방석을 깔고 둥글게 앉는다. 교사는 아이들한테 가시가 많은 밤송이 속에 통통하고 반짝이는 알밤이 들어 있음을 보여주고는 알밤을 꺼낸다. 교사는, 친구 사이도 알밤과 같아서 서로 마음을 열면 가까워지고 더 많은 것을 알 수 있음을 이야기 해 준다.

교사는 밤송이에서 빼낸 알밤을 술래에게 주고 나무막대를 이용해 소리를 낸다. 나무막대 소리와 함께 술래는 알밤을 오른쪽이나 왼쪽 또는 앞에 있는 친구에게 굴려 준다.

교사가 "그만!"이라는 신호를 하며 막대 소리를 멈출 때, 알밤을 갖고 있는 아이는 친구들 앞에 나가 자기소개를 하고 나무치기를 한다.

제2장

마음껏 뛰어놀며
주의력을 키우는 놀이

놀이는 움직임이 많은 동적인 놀이와 움직임이 없는
정적인 놀이로 이루어진다.
지금까지 우리는 '뛰어다니는 것'만을 놀이로 여겨 왔으나,
이제는 놀이에 대한 개념을 넓힐 필요가 있다.
이른 바, 긴장(동적인)과 이완(정적인)이 조화롭게
이루어지는 교육을 위한 놀이의 새로운 개념 도입이다.
교육 놀이라는 개념은 적당한 육체적 활동과 함께
정신적 안정 그리고 정서적 만족을 충족하며
상상력을 키우는 동시에 인지력을 강화하는 것을 말한다.
특히, 숲교육에 익숙하지 않은, 주의가 산만한 아이들은
움직임과 긴장 완화가 서로 조화를 이루는 놀이가 필요하다.
실내 교육에서는 대체로 교사가 아이들의 활동 욕구와
상반되는 것을 수없이 반복하며 권유하게 된다.

이를테면, "자! 잠깐 조용히 해 보자!" 같은 말이 그러하다.
하지만 숲에서는 이러한 것을 권유하지 않고서도
원하는 결과를 쉽게 얻을 수 있다.
자연 숲놀이를 즐기기 위해서는, 활발한 움직임 말고도,
주변 환경의 변화나 곤충의 움직임이나 식물을 관찰하기
위해 정적인 동작과 함께 정신 집중이 요구된다.
그래서 '조용히 해 보자'고 말하지 않아도 아이들은 스스로
관심을 충족하기 위해 정적인 놀이에 몰입하게 되고
그 결과, 아이들은 침착함을 몸에 익히게 된다.
자연 숲에서는 움직임과 집중력이 조화를 이루는
놀이를 간단하고 다양한 자연 소재로 쉽게 할 수 있다.
그래서 이러한 놀이들은 끝날 때까지 모든 아이가
주체적이고 자발적으로 참여한다.

어? 이게 뭐야?

13

놀이 인원 2명 이상
준비물 풀잎, 돌멩이, 도토리 등의 자연물, 불투명한 컵, 헝겊 주머니 각 6개

헝겊 주머니에 여섯 가지 자연물을 넣고, 같은 자연물을 컵에도 담아 놓는다. 아이들은 헝겊 주머니에 손을 넣어 자연물을 충분히 만져 본 뒤, 컵에 있는 자연물 가운데 자기가 만진 것과 같은 자연물을 찾는다.

이 놀이는 오감 가운데 요즘 아이들에게 특히 부족한 촉감을 키우는 데 도움이 된다. 놀이는 자연물을 바꾸면서 난이도를 높이거나 낮출 수 있다.

예를 들면, 연령대가 낮은 아이들한테는 촉감이 완전히 다른 자연물을 준비하고, 큰 아이들한테는 질감은 다르지만 크기는 비슷한 돌멩이처럼 세밀한 감각이 필요한 자연물을 준비한다.

응용 자연물을 헝겊 주머니에 섞어 넣은 다음 어떤 자연물들이 들어 있는지를 알아맞힌다.

부지런한 아기 다람쥐

14

놀이 인원 2명부터
준비물 도토리, 밤, 솔방울, 돌멩이, 호두 등의 자연물과 바구니, 눈가리개

　놀이를 시작하기 전에, 교사는 아이들에게 다람쥐가 겨울잠을 자는데 가을에 저장한 먹이를 먹기 위해 가끔 잠에서 깨어난다는 이야기를 해 준다. 특히, 가을에 도토리를 열심히 모아야 긴 겨울을 잘 지낼 수 있다는 사실을 알려 준다.

　설명을 마친 뒤, 교사는 아이들한테 눈가리개를 나누어 준다. 준비한 자연물들을 섞어서 바닥에 흩어 놓고 도토리를 줍게 한다. 아이들이 적으면 한 사람씩 진행하고, 인원이 많을 때에는 여러 아이가 함께 도토리를 주워도 된다.

　다람쥐 역할을 한 아이들이 충분히 도토리를 모았다면 눈가리개를 벗기고 바구니에서 도토리를 하나씩 꺼내며 함께 숫자를 센다.

눈먼 소야, 이게 뭐게?

놀이 인원 10명 이상
준비물 눈가리개와 돌멩이, 알밤, 솔방울, 도토리 등 자연물

안전한 활동 장소를 선택한 다음 5명 정도가 동그라미를 그리고 선다. 술래는 눈을 가리고 나머지 아이들은 자연물을 하나씩 가지고 원 안으로 들어간다.

술래는 눈가리개를 하고 친구를 잡는다. 이때 술래와 아이들이 원 밖으로 나가면 안 된다. 술래에게 잡힌 친구는 자기 손에 들고 있는 자연물을 술래가 만질 수 있게 한다. 물론 이때 술래는 눈가리개를 벗으면 안 된다. 술래가 자연물 이름을 맞출 때까지 놀이를 한다.

간식을 찾아라!

16

놀이 인원 12명 이상 준비물 생고구마, 삶은 계란, 당근, 사과, 오이 등 각 2개

준비한 과일이나 채소를 아이들에게 충분히 보여준 뒤 숲에 숨긴다. 아이들은 두 조로 나누어 선다. 교사가 "간식을 찾아봅시다!" 하면 아이들은 흩어져 숨겨진 간식을 한 개씩만 찾아 돌아온다.

찾은 과일과 채소가 한 쌍이면 먹을 수 있고 한 쌍이 안 되는 간식은 다른 조와 물물교환을 해서 한 쌍을 만들어 먹는다.

맞히면 뛰자!

17

놀이 인원 6명 이상   준비물 밤, 피땅콩, 호두, 솔방울 등의 자연물과 헝겊 주머니

다른 아이들이 눈을 감고 앉아 있는 동안 술래는 헝겊 주머니에 자연물 한 가지를 담는다. 아이들이 눈을 뜨고 술래는 친구들이 앉아 있는 주위를 한쪽 발로 깡충깡충 뛰다가 한 친구한테 주머니를 건넨다.

주머니를 받아든 친구는 손을 넣어 주머니 안에 들어 있는 자연물이 무엇인지 말하면서 꺼내 보인다. 친구들이 "맞았다!" 하고 소리치면, 얼른 일어나 술래를 따라가 잡는다. 잡힌 술래는 다음 중 한 가지를 완벽하게 보여준 뒤 자리로 돌아간다.

통나무 위를 균형 잡으며 걷기.
작은 돌멩이를 3개 이상 쌓아 탑 만들기.
손등에 풀잎을 올리고 친구들 주위를 한 바퀴 돌기.

귀를 쫑긋 세워라!

18

놀이 인원 6명 이상 준비물 되도록 많은 활엽수 잎, 눈가리개

아이들은 각자 낙엽을 한 줌씩 모아 둥글게 원을 그리고 선다. 술래는 눈가리개를 하고 원 가운데에 선다. 교사는 한 아이를 지정해 두 손으로 낙엽을 비벼 소리를 내도록 한다.

술래는 소리가 나는 쪽으로 다가가면서 방향이 맞다는 확신이 들 때 "찾았다!" 하고 외친다.

연령대가 낮은 아이들은 낙엽 비비는 소리를 열 차례 정도 내게 하고, 큰 아이들은 세 번 정도 들려준다.

솔방울 따기

놀이 인원 2명 이상   준비물 솔방울, 연필, 도화지

나무와 나무 사이에 아이들 눈높이에 맞게 줄을 치고, 줄에 솔방울 두 개를 매단다. 교사가 신호를 보내면 솔방울 앞에 선 두 아이는 뒷짐을 지고 코로 솔방울 건드린다.

코로 솔방울을 건드린 아이는 그 솔방울을 갖고 제자리로 돌아간다. 다른 아이도 솔방울을 갖고 마저 제자리로 돌아오면, 솔방울을 잘 살펴보면서 그림을 그린다.

숲 속 태풍 소리 듣기!

20

놀이 인원 6명 이상   **준비물** 컵 1개, 모래, 잎이 넓은 나뭇잎

아이들은 반원을 그리고 뒤돌아서서 눈을 감는다. 술래는 반원 중심에 서서 나뭇잎을 발아래 놓고 모래가 담긴 컵을 준비한다.

술래는 두 손을 비비며 바람 소리를 내다가, 나뭇잎 위로 모래를 쏟아 태풍 소리를 낸다. 뒤돌아선 아이들 중에 태풍 소리를 들은 아이는 눈을 뜨고 술래를 향해 돌아선다. 태풍 소리를 가장 먼저 듣고 돌아선 아이가 술래가 된다.

영리한 여우

놀이 인원 7명 이상   준비물 자연물, 도토리, 민들레 잎

아이들이 모두 동그랗게 앉고, 영리한 여우 역할을 맡은 아이는 원 가운데 앉는다. 여우를 제외한 아이들 중 반은 토끼가 되고 나머지 반은 다람쥐가 된다.

모든 토끼와 다람쥐는 자연물로 자기 보금자리를 만든다. 영리한 여우는 토끼와 다람쥐가 만드는 보금자리를 잘 살펴본다.

이제 영리한 여우는 눈을 감고, 교사는 토끼들에게 민들레 잎을 나누어 주고 다람쥐들에게는 도토리를 나누어 준다.

양식을 받은 토끼와 다람쥐는 보금자리에서 나와 돌아다니며 양식을 서로 교환한다. 교사가 신호를 보내면 토끼와 다람쥐는 가장 가까운 보금자리로 들어가 앉는다.

영리한 여우는 눈을 뜨고 토끼와 다람쥐에게 본래 보금자리를 찾아 주고, 토끼 먹이인 민들레 잎은 토끼한테 주고, 도토리는 다람쥐한테 준다. 여우가 영리해서 목적을 달성하면 새로운 영리한 여우를 선택할 수 있다.

토끼는 어디에 숨었을까?

놀이 인원 6명 이상   준비물 민들레

22

아이들이 모두 둥글게 서면 술래는 민들레를 들고 원 가운데로 들어가 다른 친구들이 천천히 다섯을 셀 때까지 눈을 감고 기다린다. 그 사이에 교사는 토끼가 될 친구를 가리킨다.

그러고는 "이제 토끼를 찾아라!" 하고 말하면, 술래는 눈을 뜨고 토끼를 찾기 시작한다. 토끼라고 생각되는 친구한테 다가가 민들레를 코 아래 대고 다음과 같이 말한다.

냄새를 맡아 봐!
네가 토끼가 아니라면 재채기가 날 거야!

토끼라고 짐작한 친구가 크게 재채기를 하면, 술래는 토끼를 계속 찾아야 한다. 술래가 토끼를 찾게 되면, 토끼인 친구는 "나는 민들레를 먹고 싶어!"라고 크게 소리치며, 그 민들레를 먹기

위해 술래를 쫓기 시작한다.

　술래는 민들레를 토끼에게 빼앗기지 않도록 다른 친구한테 계속 전달한다. 토끼는 민들레를 가지고 있는 친구를 쫓아가 3분 안에 잡아야 한다. 토끼가 민들레를 뺏거나 술래를 잡으면 놀이가 새로 시작된다.

깡충깡충 뛰어라!

놀이 인원 3명 이상   준비물 다양한 자연물 5-8개, 커다란 보자기 1장

활동 장소 바닥에 자연물을 펼쳐 놓고 보자기로 덮는다. 보자기를 가운데 두고 한쪽에는 술래가 앉고, 반대편에는 나머지 아이들이 등을 돌리고 선다.

놀이가 시작되면 술래는 보자기 아래 손을 넣어 자연물 하나를 꺼낸다.

그리고 "정답을 아는 친구는 제자리에서 다섯 번 뛰어라!" 하고 말한 다음, 친구들에게 손에 들고 있는 자연물이 어떻게 생겼는지, 또는 어떤 동물이 좋아하는지 등을 자세히 설명한다. 가장 먼저 알아맞히는 친구가 다음 술래가 된다.

도와줘! 누가 자연물을 갖고 간다!

24

놀이 인원 2명 이상
준비물 나뭇잎, 나뭇가지, 돌멩이, 이끼, 나무껍질, 헝겊 주머니

여러 자연 소재들을 둥글게 바닥에 흩어 놓는다. 아이들은 둥글게 앉아 바닥에 놓여 있는 자연물을 충분히 살펴보고 눈을 감는다. 술래는 조용히 걸어 들어가 자연물 가운데 하나를 헝겊 주머니에 담으면서 "자연물을 갖고 간다!"라고 큰 소리로 말한다.

그 소리를 신호로 아이들은 눈을 뜨고 사라진 자연물이 무엇인지 알아맞힌다. 술래는 헝겊 주머니에서 자연물을 꺼내 친구들한테 보여준다. 같은 자연물을 가장 먼저 찾아온 아이는 술래가 되어 놀이를 이어간다.

알아맞힐 수 있을까?

놀이 인원 2명 이상 준비물 자연물, 눈가리개

눈가리개를 한 술래를 다른 친구가 이끌고 가 자연물을 손으로 만져 보게 하고, 그 자연물이 무엇인지 알아맞혀 본다.

이때 다른 아이들은 술래 뒤를 조용히 따라가는데, 만약 술래가 자연물 이름을 맞히면 술래 손을 잡고 제자리로 돌아오면 된다. 그러나 술래가 자연물 이름을 맞히지 못할 때에는 모두 함께 "맞았다"라고 소리치며 제자리로 돌아가는데, 술래한테 잡히면 다음 술래가 된다.

도토리를 찾자!

놀이 인원 5명 이상
준비물 돌멩이, 도토리, 솔방울, 밤, 끈

아이들과 함께 활동 장소 주변에 있는 특정한 나무를 정해 끈으로 묶어 표시한다. 모든 아이는 서로 다른 자연물을 하나씩 선택한 뒤 둥글게 선다.

아이들은 자기가 들고 있는 자연물을 다른 친구들한테 보여주고, 그 자연물 이름과 함께 자연물에 대한 자기 느낌이나 경험을 이야기한다. 그러고 나서 자연물을 주머니에 넣고 자유롭게 움직인다.

이때, 교사가 자연물 중 하나를 골라 찾자고 소리치면, 그 자연물을 가진 아이는 다른 아이들한테 잡히기 전에 재빨리 미리 정해 놓은 나무로 달아난다. 예를 들어, 교사가 "도토리를 찾아봅시다!" 하면, 도토리를 가진 아이는 나무를 향해 달리고 다른 아이들은 누가 도토리를 가졌는지 기억해서 그 아이를 붙잡는다.

제3장

집중력과 유연한 움직임을 키우는 놀이

아이들은 숲에서 다양한 놀잇감을 스스로 발견하고,
그 놀이를 통해 육체와 정신의 한계를 넓혀 간다. 누가 시키지
않아도 아이들은 나무뿌리를 뛰어 넘고, 그루터기 위를
오르내리기도 하고 네 발로 기어 다닌다.
그런가 하면 넘어져 있는 나무 위를 균형 잡으며 걷고,
나뭇가지들을 끌고 다니기도 하며 숲 속을 이리저리
뛰어다니며 논다. 특별한 목적이 없어 보이는 이러한
활동들은 운동 감각과 균형 감각을 키우며 움직임 자체에 대한
아이의 자연스러운 욕구를 충족시킨다.
그러나 아이들의 무모한 도전은 육체적 손상과 정신적
좌절감을 불러일으킬 수 있다. 예를 들어, 통나무 위를 균형
잡으며 걷는 놀이나 나무 타기는 처음 숲활동을 하는
아이들한테 권하는 것은 바람직하지 않다. 이러한 놀이는
숲활동이 어느 정도 몸에 익은 뒤에 할 수 있는 놀이다.
육체도 단련되어야 하고 정신적으로도 준비가 되어야만 한다.

숲활동을 처음 시작하는 아이는 전부터 숲활동을 해 온
친구들의 움직임을 보고 자기가 할 수 있는지를 가늠한다.
그 아이는 난이도가 낮은 비슷한 활동을 통해 자기 가능성을
직접 확인한다. 그러면서 육체적 성장과 집중력이 향상되어
목표한 놀이를 할 수 있게 된다.

물론, 신체 조건에 따라 높은 나무를 오르내리거나 높은
나뭇가지들을 잡는 활동을 하기까지 더 많은 시간이 필요한
아이도 있다. 이럴 때 교사는 아이가 패배감을 느끼지 않도록
신경을 써야 한다. 다른 아이들과의 경쟁이나 비교는
숲교육 목표에 위배된다. 그러나 아이들의 성장과 집중력
촉진을 위한 선의의 경쟁을 숲놀이로 녹아들게 하여
자연스럽게 교육 과정으로 연결되도록 해야 한다.

특히 취학 전 아이들이나 초등학교 저학년들은 놀이 형태로
자신의 육체적 및 정신적 한계를 겨루는 활동에 큰 흥미를
가지고 있다. 또한 자기 능력과 가능성을 증명해 보이려는
과시적인 행동을 하기도 한다.

이 시기의 아이들은 놀이를 통한 승패감이 오랫동안
정신적인 부담으로 잠재할 수 있기 때문에 새로운 도전과
성취감을 느낄 수 있는 교육 놀이들을 자주 접할 수 있어야 한다.
즉, 쓰라린 패배감은 도전과 성공을 위해서 집중력과 유연한
몸 움직임이 필요하다는 것을 인식하게 하는 촉진제가 된다.
그래서 여러 놀이에서 실패하는 것이 교육적으로 좋은 학습
효과를 유발한다. 이번 장에서 소개하는 놀이들은
모든 아이가 함께 참여하여 공동 목표를 달성하는 교육적
효과를 갖고 있으며, 재미있고 즐거운 가운데 집중력과
유연한 움직임을 촉진한다.

달팽이들의 경주

놀이 인원 4명 이상
준비물 조마다 커다란 돌 4개, 작고 둥근 나무토막 1개

아이들은 두 조로 나누어 한 줄로 나란히 선다. 양쪽 조의 첫 번째 아이 앞에 4개의 돌을 2미터 정도 간격을 두고 나란히 놓는다. 먼저 아이들이 달팽이로 변신해 경주할 준비를 한다.

각 조 첫 번째 주자는 엎드려 등에 둥근 나무토막을 올려놓는다. 출발 신호와 함께 장애물인 돌 사이를 지나서 마지막 돌까지 기어간다. 중간에 나무토막이 떨어지면 출발 위치로 돌아가 다시 시작한다.

마지막 돌에 도착하면 나무판을 손으로 들고 일어서서 곧바로 출발 위치까지 달려와 다음 주자의 등에 올려준다. 이런 방식으로 각 조의 모든 아이가 차례로 경주를 한다.

응용 1 아이들이 다람쥐가 되어 호두나 도토리를 턱과 목 사이에 끼고 운반한다. 양식이 땅에 떨어지면 출발 위치에서 다시 시작한다.

응용 2 아이들은 개미가 되어 커다란 나뭇잎을 어깨 위에 올려놓고 운반한다. 운반하면서 나뭇잎을 손으로 잡으면 안 된다.

솔방울 채우기

놀이 인원 2명 이상 **준비물** 바구니 2개, 솔방울, 긴 통나무(5미터 이상) 2개

교사는 긴 통나무 한쪽 끝에 바구니를 놓는다. 아이들은 모두 솔방울을 한 개씩 들고 두 조로 나누어 통나무 다른 쪽 끝에 차례대로 선다.

교사가 시작 신호를 하면 아이들은 통나무 위로 걸어가서 바구니에 솔방울을 넣는다. 통나무에서 떨어진 아이는 출발 위치로 돌아가 다시 시작한다.

이 놀이를 통해 아이들은 균형 감각을 키울 수 있다.

물고기를 잡자!

29

놀이 인원 2명 이상
준비물 둥근 나무토막(직경 20센티미터), 긴 나뭇가지, 끈, 견과류

긴 나뭇가지에 낚싯줄을 매고 낚싯바늘 역할을 하는 작은 나뭇
가지를 묶는다. 끝에 묶을 나뭇가지는 교사가 미리 10센티미터
길이로 잘라 놓는다. 둥근 나무토막(섬)을 2미터 간격으로 바닥
에 내려놓고 그 옆에 낚싯대를 놓는다.

교사는 섬 근처에 견과류(물고기)를 흩어 놓는다. 견과류는 아
이들이 섬에 올라 서 있을 때 손이 닿지 않는 곳에 있어야 한다.

아이들은 헤엄치는 동작을 하며 자유롭게 움직이다가, 교사가
"섬이 보입니다!" 하고 소리치면 가까운 섬으로 재빠르게 헤엄쳐
간다.

섬에 도착한 뒤에는 낚싯대로 물고기를 끌어와 손으로 잡는다.
이때 섬에서 내려와서 손으로 물고기를 잡아서는 안 된다. 물고
기 3마리를 잡으면 섬에서 내려온다.

울창한 나무는 어디에 있을까?

놀이 인원 4명 이상 **준비물** 나뭇잎 8장

나뭇잎을 몸에 붙여 울창한 나무가 되는 놀이다. 두 사람이 한 조가 되어 나뭇잎 여덟 장을 모은 뒤 마주보고 선다. 한 아이는 양팔을 옆으로 뻗는다.

이때 교사는 "이제 봄이 되어 숲에는 새로운 푸른 잎이 자랍니다. 앙상한 겨울나무에 나뭇잎이 자라도록 도와줍니다. 자! 손에서 잎이 돋기 시작합니다. 그리고 머리, 어깨, 팔에서도 나뭇잎이 돋습니다" 하고 말한다. 나뭇잎을 떨어뜨린 조는 놀이를 멈추고 다른 조가 나뭇잎을 붙이는 것을 지켜본다.

모든 길은 로마로 통한다

놀이 인원 3명 이상
준비물 잎사귀가 큰 나뭇잎, 직사각형(10미터×15미터)의 평지

'누가 과연 가장 빨리 목적지에 도착할 수 있을까?'를 생각하며 흥미롭게 진행할 수 있는 놀이다.

먼저 바닥에 직사각형을 그리고 출발 지점과 도착 지점을 정한다. 직사각형 안에 나뭇잎을 이용해 자유롭게 길을 만든다.

이때 나뭇잎으로 만든 길은 반드시 출발 지점에서 도착 지점까지 이어져야 한다. 그물망과 같은 길이 완성되면 나뭇잎 길 시작점에 3명이 선다. 출발 신호와 함께 아이들은 가장 짧은 나뭇잎 길을 밟으며 도착 지점까지 걸어간다. 걷다가 땅을 밟으면 출발 지점으로 돌아가 다시 놀이를 시작한다.

응용 잎사귀가 큰 나뭇잎이 없을 경우에는 솔잎이나 여러 나뭇잎을 섞어서 나뭇잎 길을 만든다.

어떤 배에 가장 많은 짐을 실었을까?

놀이 인원 2명 이상
준비물 둥근 나무토막(직경 20센티미터 이상), 다양한 자연물

교사는 조마다 둥근 나무토막을 나누어 주고 짐을 싣는 '배' 라고 알려준다. 그러고는 아이들이 숲에서 종류가 다른 자연물들을 많이 찾아 자기 배가 있는 곳에 모이도록 한다.

교사의 신호에 따라 아이들은 되도록이면 많은 자연물을 배에 싣는다. 이때 교사가 "배에 물건을 다 실었습니다!" 하고 외치면, 아이들은 행동을 멈추고 배에서 물러선다.

어떤 배에 가장 많은 짐이 실렸을까? 교사와 아이들은 배에 실은 자연물들을 함께 세면서 내려놓는다.

응용 아이들이 찾아온 자연물로 탑을 세울 수도 있다.

어느 들쥐가 가장 많은 호두를 가졌을까?

놀이 인원 2명 이상
준비물 낙엽, 여러 가지 견과류 12개, 주사위 1개, 손잡이가 긴 나무 주걱

 잘 마른 낙엽을 쌓아 둥지를 만들고 그 안에 견과류 열두 개를 숨긴다. 아이들은 들쥐가 되어 각자 손잡이가 긴 나무 주걱을 들고 낙엽 둥지 주위에 둘러앉는다.

가위바위보를 해서 이긴 아이가 술래가 된다. 술래는 다른 친구가 주사위를 굴려 나온 숫자만큼 둥지에서 주걱으로 견과류를 꺼낸다. 주걱에서 떨어진 견과류는 다시 둥지에 넣는다.

견과류를 다 찾으면 놀이가 끝나고, 아이들은 각자가 꺼낸 견과류 숫자를 센다.

솔잎으로 그림 그리기

놀이 인원 2명 이상   준비물 솔잎이나 전나무 잎, 방수 방석

   아이들은 되도록이면 솔잎을 많이 모은 뒤에 반원을 그리고 앉는다. 원 가운데에는 술래가 앉고 술래 앞에 도화지만한 크기로 흙바닥을 만든다.

   술래는 솔잎이나 전나무 잎으로 집, 도형, 숫자, 나무, 동물 등 자유롭게 표현한다. 술래가 무엇을 표현하려고 하는지를 알아차린 아이가 다시 술래가 되어 놀이를 한다.

어떤 저울이 평행할까?

35

놀이 인원 2명 이상
준비물 둥근 나무토막과 작은 자연물들
직사각형 널빤지(가로 1미터×세로 20센티미터, 두께 2센티미터) 1개

아이들을 같은 인원으로 몇 개 조로 나눈다. 널빤지를 둥근 나무토막 위에 중심을 잡아 올려놓는다. 여기에서 널빤지는 대칭 저울 역할을 한다.

교사의 신호에 따라 아이들은 주변에서 각기 다른 자연물들을 들고 와 널빤지 양쪽 끝에 올려놓는다. 자연물을 올릴 때에는 양쪽 무게를 맞추면서 올려야 한다.

무게 균형이 맞지 않아 자연물이 땅에 떨어지면 처음부터 다시 시작해야 한다. 교사는 10분 정도 시간을 준 뒤, 평행을 이루고 있는 널빤지에서 자연물을 세면서 놀이를 마무리한다.

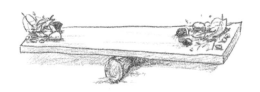

나뭇잎 진공청소기

놀이 인원 2명 이상   준비물 작은 나뭇잎들, 보자기, 주사위, 빨대

아이들은 작은 나뭇잎이나 풀잎을 모은 뒤 둘러앉는다. 교사는 아이들마다 빨대를 하나씩 나누어 주고 원 가운데 보자기를 깔고 나뭇잎들을 고르게 펼쳐 놓는다.

처음 놀이를 시작하는 아이는 주사위를 던져 짝수가 나오면 빨대를 이용해 원하는 나뭇잎을 하나씩 빨아올려 원 밖으로 옮긴다. 원 안에서 나뭇잎을 떨어뜨리거나 주사위를 던져 홀수가 나오면 다른 아이한테 기회가 넘어간다.

원 안에 있는 나뭇잎이 모두 없어지면 누가 가장 많은 나뭇잎을 모았는지 세어 본다.

작은 당나귀들

37

놀이 인원 2명 이상 준비물 풀잎

숲에 입고 간 윗도리나 가방 등을 이용해 직사각형으로 활동 영역을 만든다. 직사각형의 한쪽 짧은 변에 아이들이 나란히 네 발로 엎드린다.

교사는 풀잎 일정량을 아이들 등에 올려놓는다. 아이들은 짐을 나르는 작은 당나귀가 되어 교사의 출발 신호에 따라 반대편까지 네 발로 기어간다. 물론 등에 놓인 풀잎이 떨어지지 않도록 조심해서 운반해야 한다.

금속 탐지기 놀이

놀이 인원 2명 이상   준비물 나뭇가지, 초콜릿(금박지로 포장된 것), 낙엽

아이들 각자가 금속 탐지기로 사용할 나뭇가지를 구해 오는 동안, 교사는 낙엽들 사이에 아이들 숫자만큼 초콜릿을 숨긴다.

아이들은 금속 탐지기로 금박지로 포장된 초콜릿을 찾기 위해 바닥을 샅샅이 뒤진다. 탐지 놀이를 할 때, 아이들은 탐지기인 나뭇가지를 이용해 낙엽을 들추거나 옆으로 밀칠 수 있다. 초콜릿을 찾은 아이는, 찾았다는 표시로 "삑삑" 하고 크게 외친다.

최고의 골잡이는 누구일까?

39

놀이 인원 2명 이상
준비물 Y자 모양 나뭇가지 2개, 긴 나뭇가지 1개, 조약돌, 도토리 1개

아이들과 함께 Y자 모양으로 갈라진 나뭇가지 두 개, 약 20센티미터 길이의 나뭇가지 그리고 도토리를 찾는다. 갈라진 나뭇가지 두 개를 땅에 꽂고, 기다란 나뭇가지를 그 사이에 얹어 골대를 만든다.

맞은편 약 50센티미터 지점에 도토리를 놓고 한 사람씩 손가락으로 도토리를 퉁겨 골대 안으로 통과시킨다. 성공한 아이한테는 조약돌을 하나 준다.

몇 차례 놀이를 한 뒤 아이들이 모은 조약돌 수를 세어 본다. 누가 가장 많은 골을 넣었을까?

제4장

언어 능력 발달을 위한 놀이

아이들은 보통 이야기를 많이 한다.

터무니없는 말을 늘어놓기도 하고, 또래끼리 이야기들을

주고받으며 배를 잡고 웃고 즐거워한다. 아이들한테는

이야기를 하는 행위 그 자체가 무척 중요하다.

어릴 때 뛰어다니지 못한 망아지는 말이 되어도 제대로

뛰지 못한다. 아이들은 부담 없이 이야기할 수 있어야 하고,

그런 자리를 통해 긴장과 경계심을 풀고 즐거운 마음으로

생활할 수 있어야 한다. 이것은 다시 언어생활이나

자존감 또는 자긍심을 고양시키는 데 긍정적인 영향을 끼친다.

또한 언어는 모든 감각의 자극을 일차적으로 표현하는 도구이기

때문에 이 연령대의 언어 능력과 언어 발달은 매우 중요하다.

그래서 모든 감각을 자극하는 재미있는 운율이나 어구가 맞는

시들을 함께 읊으며 활동할 수 있는 놀이를 제공해야 한다.

이러한 놀이들은 언어 능력과 언어 발달을 위한 동기 부여가
되고 의사소통을 쉽게 할 수 있게 하며, 어휘력을 풍부하게
하고 여러 감각을 통합할 수 있는 능력을 키우는 데 도움이 된다.
특히, 역할 놀이에 활용하면 그러한 능력 발달의 자극적인
소재가 된다. 모든 아이들이 이러한 활동에 동참하기
위해서는 놀이에 등장하는 시들을 구사할 수 있는 방법과
의미를 미리 이해할 수 있게 설명해 주어야 한다.
또한 언어 발달이 조금 느린 아이들도 이번 장에서 소개하는
놀이를 통해 언어 구사 능력을 키울 수 있다.

배고픈 여우

40

놀이 인원 3명 이상　준비물 (참가자 모두) 커다란 나뭇잎 1장
도토리 2개, 야생열매 2개, 돌멩이 4개, 밤 1개

아이들은 준비한 자연물을 자기 앞에 놓고 둥글게 앉는다. 교
사가 읊는 시구에 따라 아이들은 자연물 꾸미기를 시작한다.

교사　나뭇잎은 몸통이 되고 나뭇잎 줄기는 꼬리가 되지요
아이　나뭇잎을 집어 들어 줄기가 자신을 향하게 놓는다.
교사　도토리는 귀가 되고, 열매는 동그란 눈이 되지요

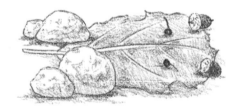

아이 도토리 두 개를 나뭇잎 윗부분의 바깥 테두리 양쪽에 놓는다. 그리고 열매 두 개는 두 귀와 균형을 이루도록 나뭇잎 위에 올려놓는다.

교사 조약돌은 튼튼한 다리가 되지요

아이 조약돌 네 개를 나뭇잎 테두리에 잘 배치해 다리 모양을 만든다.

교사 (잠시 쉬었다가) 알밤으로는 무엇을 할까요?

아이 알밤을 손에 들고 먹는 흉내를 내며, 다 함께 배고픈 여우 소리를 낸다.

무례한 밤나무

놀이 인원 6명 이상 **준비물** 밤 1개(참가자 모두)

두 아이가 한 조를 이루어 앞뒤로 앉는다. 이때 두 아이의 간격은 뒤에 앉은 아이가 팔을 쭉 뻗어 양손바닥이 앞에 앉은 아이 등에 닿으면 된다.

아이들이 준비가 되면, 교사는 시를 천천히 크게 읽고, 뒤에 앉은 아이는 시를 들으며 친구 등에 밤을 굴린다. 밤을 한 손에 넣을 수 없으면 두 손을 이용해 밤을 굴려도 된다.

교사 친구의 어깨 위에 밤 한 톨이 이리저리 데구르르.
아이 앞에 앉은 친구 어깨 위에서 밤을 이리저리 굴린다.
교사 아래로, 아래로 춤을 추듯 기쁘게 뒹굴뒹굴.

아이 등 한가운데까지 조심스럽게 밤을 굴린다.

교사 예쁜 동그라미 나라를 만들며 데구르르.

아이 등 위에서 동그랗게 밤을 굴린다.

교사 (잠시 쉬었다가)놀라지 마세요! 뒹굴뒹굴 팔 아래까지 내려
갑니다. 하나, 둘, 셋!

아이 밤을 앞 사람 팔 아래로 굴리며 간지럼을 태운다.

나뭇잎 싸움

놀이 인원 2명 이상   준비물 낙엽, 갈퀴

낙엽을 갈퀴로 끌어모아 큰 낙엽더미를 만든다. 아이들은 이 낙엽더미를 중심으로 둥글게 선다.

그러고는 각자 마음에 드는 나뭇잎을 두 장씩 들고 교사가 읊는 시구에 어울릴 만한 행위를 한다.

교사 더할 수 없이 부드러운 춤을 추며 첫 번째 낙엽이 나무에서 떨어집니다.

아이 양손에 나뭇잎 한 장씩 들고 머리 위로 두 팔을 뻗는다. 시구를 따라 읊으며 나뭇잎 한 장을 살짝 땅 위로 떨어뜨린다.

교사 한없이 부드럽고 아름다운 춤을 추며 두 번째 낙엽이 나무에서 떨어집니다.

아이 다른 손에 들고 있는 두 번째 낙엽을 땅에 떨어뜨린다.

교사 다음에는 어떤 일이 일어날까요? 나뭇잎을 두드리며 떨

어지는 빗방울들.

　아이　바닥에 떨어져 있는 나뭇잎에 다가가 손가락으로 톡톡 두드리며 빗방울이 떨어지는 것을 표현한다.

　교사　어디선가 갑자기 바람이 불어와 나뭇잎은 바스락 바스락, 어디선가 갑자기 바람이 불어와 나뭇잎은 바스락 바스락.

　아이　입으로 바람을 일으켜 나뭇잎을 날리고, 두 손으로 나뭇잎을 비벼 바스락 소리를 낸다. 한 번 더 강하게 반복한다.

　교사　거세지는 바람에 나뭇잎은 높고 멀리 훨훨 더 멀리 더 높이 날아갑니다.

　아이　조금 더 깊이 숨을 들이 쉬고는 나뭇잎을 더 멀리, 더 높이 날린다.

우스꽝스러운 자연물 놀이

43

놀이 인원 6명 이상 **준비물** 긴 풀이나 마른 풀

긴 풀이나 마른 풀을 마련한다. 아이들은 풀을 두 손으로 잡고 동그랗게 둘러서서 눈을 감는다.

아이들이 모두 눈을 감은 뒤에, 교사는 아무도 알아차리지 못하게 한 아이의 어깨를 살짝 건드려 술래를 정하고 모두 눈을 뜨라고 한다. 그리고 다른 한 아이의 이름을 부르며 아래 구절을 말한다.

철수야! 우리 손에 있는 풀로 무엇을 할까?
정말 신 나는 놀이가 있는데 해 볼까?

호명된 아이는 손에 들고 있는 풀을 다른 아이들이 볼 수 있게 흔든 다음, 풀을 윗입술에 올려 수염을 만든다거나 귀에 거는 등 재미있는 행동을 한다.

모든 아이가 이 동작을 따라한다. 이번에는 호명된 아이가 같은 시구를 말하며 다른 아이들 호명한다.

이때 술래를 호명하게 되면 손에 들고 있는 풀로 양옆에 서 있는 친구들의 손등을 간질일 수 있다. 술래가 호명되면 처음부터 다시 놀이를 시작한다.

발 간질이기

놀이 인원 2명 이상 준비물 나뭇잎

아이들 모두 나뭇잎 한 장씩 고른 다음 두 사람씩 짝을 짓는다. 나뭇잎을 옆에 내려놓고 신발을 벗은 뒤 서로 마주보고 앉는다. 아래 구절을 잘 듣고 검지와 장지 손가락으로 동작을 따라한다.

교사 풍뎅이가 나뭇잎에 앉아 허겁지겁 나뭇잎을 갉아 먹네요.

아이 나뭇잎 위에서 검지와 장지 끝으로 풍뎅이처럼 앞뒤로 움직인다.

교사 풍뎅이가 즐겁게 동그라미를 그리네요.

아이 두 손가락을 번갈아 둥글게 원을 그린다.

교사 풍뎅이가 멈춰 서서 주위를 둘러보네요.

아이 두 손가락을 나뭇잎 위에서 잠시 멈추고 주위를 둘러본다.

교사 풍뎅이가 친구의 발 위에서 이리저리 움직이네요.

아이 다시 두 손가락을 앞에 앉아 있는 친구의 발 위로 옮겨 이리저리 움직인다.

　교사　풍뎅이가 친구의 발등을 간질이네요.

　아이　두 손가락으로 상대방 발을 살며시 간질인다.

토끼들의 춤

놀이 인원 2명 이상 준비물 없음

아이들은 풀밭 위에 둥글게 선다. 토끼 역할을 할 술래는 원 가운데 앉는다. 놀이 인원이 많을 때에는 술래를 여럿 둘 수 있다.

교사 푸르고 부드러운 풀밭 위에 있는 자그맣고 씩씩한 토끼 한 마리.

아이 술래는 양손으로 커다란 귀를 만들고 원 가운데에 쪼그리고 앉는다.

교사 꼬리는 살랑살랑, 귀는 쫑긋쫑긋 풀밭을 뛰어다니네요.

아이 술래는 토끼뜀을 한두 차례 뛴다.

교사 싱싱한 풀을 뜯어 춤추기를 청하고 흥겹게 춤을 추기 시작하네요.

아이 풀을 조금 뜯어 함께 춤을 추고 싶은 친구에게 전해 주고, 둘이 함께 두 손을 잡고 자유롭게 춤을 춘다.

교사 춤을 추다 지쳐서 부드러운 풀밭에 누워 하늘을 보네요.

아이 신나게 춤을 추던 아이들은 풀밭에 드러누워 하늘을 올려
다본다.

도토리 모으기

놀이 인원 3명 이상
준비물 대바구니 2개(3명당)와 자연물(도토리, 밤, 솔방울 등) 10개

먼저 세 사람씩 짝을 만든다. 아기 다람쥐 역할을 맡은 두 아이는 대바구니를 들고 마주보고 서고, 엄마 다람쥐 역할을 맡은 아이는 대바구니에 도토리를 던져 넣는다.

엄마 다람쥐는 대바구니를 들고 있는 아기 다람쥐들을 중심으로 약 1미터 정도 거리를 두고 원을 그리며 걷는다.

나머지 아이들이 "산골짜기 다람쥐 아기 다람쥐" 노래를 부르는 동안 엄마 다람쥐는 아기 다람쥐가 서 있는 주위를 빙글빙글 돌다가 노래가 끝나면 그 자리에 선다.

그런 다음 아기 다람쥐들이 들고 있는 바구니에 도토리를 던져 넣기 시작한다. 엄마 다람쥐는 가능한 많은 자연물을 바구니에 던져 넣어야 하고, 아기 다람쥐들도 도토리를 잘 받아야 한다.

새로운 것을 찾아나선 풍뎅이

놀이 인원 2명 이상 준비물 나뭇잎, 나뭇가지

아이들 모두 숲에 있는 나뭇잎과 나뭇가지를 찾는다. 두 사람이 짝이 되어 서로 마주보고 손을 맞댈 수 있을 정도로 간격을 두고 나뭇잎과 나뭇가지를 앞에 놓고 앉는다.

그리고 교사가 읽어 주는 시구를 따라 움직인다.

교사 나뭇잎 위에 풍뎅이 한 마리, 이리저리 움직이고 나뭇잎은 가볍게 빙글빙글.

아이 검지와 장지, 두 손가락을 나뭇잎 위에서 번갈아 피아노 건반을 치듯이 움직인다. 그리고 두 손가락으로 나뭇잎을 빙글빙글 돌린다.

교사 나뭇가지 위에 풍뎅이 아래위로 왔다 갔다 으라차차 힘차게, 사르륵 재빠르게.

아이 검지와 장지, 두 손가락을 나뭇가지에서 피아노를 치듯이 이리저리 움직인다. 그리고 손가락을 높이 들고 힘을 주어 힘차게 움직이다 가볍고 빠르게 움직인다.

교사 풍뎅이가 훨훨 날아 머리 위에 사뿐히 앉네요. 그리고 살며시 잠이 드네요.

아이 두 팔을 아래위로 흔들며 날갯짓을 한다. 검지와 장지를 앞 사람 머리에 올려놓고 머리카락을 살며시 쓰다듬다가 손바닥을 펴고 가만히 올려놓는다.

개구리의 선물은 무엇일까?

놀이 인원 2명 이상

준비물 솔잎, 돌멩이, 도토리, 토끼풀 등 자연물 각 1개와 바구니, 솔방울 10개

아이들은 숲활동 장소를 돌아다니며 놀이에 필요한 자연물들을 모은다. 그렇게 자연물을 다 모은 뒤에는 바닥에 내려놓는다. 바구니에 솔방울을 채우고 아이 걸음으로 다섯 발자국 떨어져 다 함께 둘러앉는다.

술래가 머릿속으로 자연물들 가운데 하나를 선택하고, 교사에게 귓속말로 알려준 다음 아래 시 구절을 큰 소리로 외친다.

OO는 말해 보자
개구리가 가져온 선물은 무엇일까?

OO(술래가 지명한 아이)는 개구리가 자져온 선물일 것이라고 생각하는 자연물의 이름, 예를 들어 "도토리!" 하고 크게 외친다.

정답이 아닐 경우, 술래는 머리를 좌우로 흔들고 또 다른 아이 이름을 넣어 위 구절을 반복한다. 술래가 지명한 아이가 정답을 말한 경우 술래는 다음과 같이 말한다.

맞습니다.
이제 나는 물속으로 '풍덩' 돌아갑니다.
다음에 또 만나요!

그러면서 바구니 속에 있는 솔방울을 사방으로 던진다. 술래가 던진 솔방울을 손으로 가장 많이 잡은 아이가 다음 술래가 된다.

누구를 간질일까?

놀이 인원 6명 이상
준비물 짧고 곧은 나뭇가지(약 10센티미터) 1개, 털실

아이들은 양반다리를 하고 둘러앉고, 교사는 나뭇가지 한쪽 끝을 다른 쪽과 구별할 수 있도록 털실을 감아 표시한다. 그리고 이 나뭇가지를 술래한테 줘서 바닥에 내려놓게 한다.

나뭇가지 중간을 잡고 바닥에서 돌리면 빙빙 돌다가 멈추었을 때, 한 방향을 가리키는 원리를 이용한 놀이다. 술래는 아래 시 구절을 크게 말하며 나뭇가지를 돌린다.

나뭇가지야, 나뭇가지야, 빙글빙글 돌아라.
누구를 간질일까, 우리한테 알려 줘.

나뭇가지가 빙글빙글 돌다가 멈추며 가리키는 곳에 앉아 있던 아이는 재빠르게 일어나 미리 정해 둔 나무나 한 장소로 달려간다. 술래는 선택받은 아이가 정해진 장소에 도착하기 전에 잡아서 간질임을 태워야 한다.

한번 놀이를 진행하고 나면 술래는 제자리에 들어가 앉고 나뭇가지가 가리킨 아이가 새로운 술래가 된다.

자연물을 이용해 만든 옷 자랑 대회

놀이 인원 2명 이상
준비물 가벼운 다양한 자연물(나뭇잎, 들꽃, 작은 나뭇가지), 양면테이프

두 사람씩 짝을 이루어 주변에 있는 가벼운 자연물들을 모은
다. 자연물을 다 모았으면, 두 사람은 자연물과 양면테이프를 앞
에 두고 마주보고 앉는다.

놀이를 시작하기 전에, 교사는 아이들한테 유리테이프를 사용
하는 방법과 주의할 점을 일러 준다.

곧, 시구에 따라 자연물을 붙일 위치에 양면테이프를 먼저 붙
여야 하고, 친구 머리에는 테이프를 붙이면 안 된다는 것을 미리
말해 주어야 한다.

교사 우리는 나뭇잎들로 아름답고 멋진 털옷을 만듭니다.
아이 짝끼리 윗몸 부분에 나뭇잎들을 붙여 준다.
교사 신발은 나뭇가지로 멋지게 꾸밉니다.
아이 각자 자기 신발에 잔가지들을 붙인다.

교사 그리고 우리 머리에는 들꽃으로 멋진 왕관을 만듭니다.

아이 들꽃을 자기 짝의 머리카락에 끼워 장식한다.

교사 이제 숲 속 친구들과 옷 자랑 대회를 엽니다.

아이 자연물 옷을 친구들한테 마음껏 뽐내며 걷는다.

건초더미 안의 생쥐

놀이 인원 5명 이상 준비물 건초 또는 낙엽, 방석

아이들 모두 가깝게 둘러앉는다. 교사는 원 안을 돌며 아이들 발 앞에 건초를 놓는다. 그리고 아이들 사이에 앉아 건초를 조금 앞에 놓는다. 교사가 아래 구절을 읊으면 아이들은 손동작을 한다.

교사 생쥐는 도대체 어디 있을까? 건초 속에 숨어서 나오지를 않네요.

아이 모두 두 손을 건초더미(또는 낙엽) 속에 감춘다.

교사 숨어 있는 생쥐 귀가 보이네요. 살금살금 다가가 살짝 들여다볼까요.

아이 검지를 건초더미 속에서 살짝 들어올린다.

교사 재빠른 생쥐가 벌써 도망갔네요. 더는 찾아도 소용이 없을 것 같아요.

아이 검지를 다시 건초더미 속에 숨긴다.

교사 어머나! 건초 속에서 생쥐가 바스락거리네요. 하나, 둘,
셋! 생쥐가 쪼르륵 다시 나타났어요!

아이 조금 천천히 간격을 두고 길게 하다가 "셋"이라고 할 때
힘을 주어 짧게 말한다.

한 손을 건초더미 속에서 움직여 바스락거리는 소리를 낸다.
교사가 셋을 세는 동안, 아이들은 두 손에 건초더미를 가능한 많
이 잡고 "셋"이라는 신호에 따라 건초를 집어 공중에 뿌린다.

제5장

창의적 예술성을 높이는 놀이

숲놀이가 창의력을 키워준다는 것은 누구나 아는 사실이다.
하지만 창의력 향상은 철저한 계획과 합리성을 중요시하는
이론적 뒷받침에 의한 실내 활동으로는 한계가 있다.
현재 실내 교육은 충실히 학습되고 또한 기존의 가치
기준으로 평가된 교육 과정에 의해 이루어지기 때문에
예술 감각을 키우는 창작 활동이 완벽과 완성을 위해
정진해야 하는 과정으로 받아들여지고 있다.
반면에 숲에서의 자유로운 놀이는 의도된 학습 목표와
그 목표에 충실한 학습 지도보다 아이들의 순간적인 영감과
자발적인 시도를 중요시한다.
아이들의 조그마한 손이 자연물을 가지고 활동하는 것은
전무후무한 위대한 예술가의 독창적 발상과 무생물에
생명을 부여하는 신적 창조성을 발휘하는 것이다.
아이들이 주체적 창의성을 발휘하고 자발적으로 참여하는
창작 활동의 원동력은 흥미와 재미이다.

숲에서 쉽게 구할 수 있는 자연물을 활용한 예술 놀이 활동은, 너무 흔해 눈에 띄지 않고 중요하게 여겨지지 않는 사물들을 몸과 마음으로 표현하고 드러내는 것이다. 아이들은 이런 주체적이고 자발적인 예술 작품 활동을 하며 성취감과 자신감을 얻고 자랑스러움과 당당함을 느끼게 된다.

이러한 창의적 예술성을 촉진 시키는 놀이는 자기만의 생각을 표현할 수 있는 활동 공간과 기발한 동기 부여를 필요로 한다. 작은 예술가들은 계절의 변화에 따라 직접 모아온 자연물들을 활용해 그림을 그리고, 조각하고, 공작 활동을 하면서 흥미와 재미를 동시에 느낀다.

자연물 붓으로 그림 그리기

52

준비물 여러 종류의 풀잎, 물감, 하얀 도화지

준비물을 앞에 놓고 그림 그릴 준비를 한다. 붓을 대신해 풀잎 하나를 물감 통에 넣어 풀잎을 충분히 젖게 한다.

물감을 묻힌 풀잎으로 하얀 도화지 위에 각자 원하는 그림을 마음껏 그려 본다. 풀잎을 여러 개 준비해 풀잎마다 한 가지 색만 사용하는 것이 좋다.

여러 종류의 자연물로 그림을 그리는 활동으로, 아이들이 특히 재미있어 하는 놀이다. 이 놀이는 소근육을 발달시키고 눈과 손 의 협응력을 키우는 데 도움이 된다.

응용 여러 종류의 풀잎, 꽃봉오리, 나뭇잎을 도화지에 힘껏 문 질러 나오는 자연색으로 그림을 그린다.

행운의 목걸이 만들기

53

준비물 호두 껍데기, 털실, 공작용 풀, 토끼풀, 호두 껍데기 속에 넣을 작은 자연물

아이들 모두 속을 비운 호두 껍데기 한 쌍과 털실을 준비한다. 털실은 목걸이를 할 수 있을 정도 길이로 잘라 양쪽 끝에 매듭을 만든다.

그리고 활동 장소에서 호두 껍데기 속에 넣을 작은 행운의 자연물을 찾는다. 두 개의 호두 껍데기를 붙일 수 있도록 공작용 풀을 발라 속이 빈 쪽이 하늘을 향하게 놓는다.

이렇게 목걸이를 만들 준비가 다 되었으면, 자연물은 호두 껍데기 가운데 올려놓고, 털실은 양쪽 끝에 매듭진 부분이 호두 껍데기 안쪽에 들어가도록 걸쳐 넣는다.

그러니까 뚜껑을 덮었을 때, 목걸이가 되도록 호두 껍데기를 가운데 두고 털실이 원 모양이 되게 한다. 뚜껑이 될 다른 호두 껍데기를 살짝 올려 호두 모양을 만든 다음, 1분에서 2분가량 꼭 눌러 준다.

　행운의 목걸이가 완성되면 각자 귀중한 목걸이를 목에 걸고 친구들한테 보여준다. 어떤 행운의 자연물이 들어 있는지 묻고 대답해도 되지만, 비밀로 간직하고 싶은 친구는 말하지 않아도 좋다.

나뭇잎 치료하기

준비물 상처 난 나뭇잎, 풀, 돌멩이, 나뭇가지

아이들은 숲을 산책하면서 벌레 먹거나 상처 난 잎사귀가 넓은 나뭇잎을 찾는다. 놀이에 적합한 자연물을 찾기 어려운 아이나 어린 아이가 있으면, 교사는 아이와 함께 나뭇잎을 준비한다.

아이들 모두 나뭇잎을 구한 뒤에는 평평한 땅바닥에 나뭇잎을 내려놓는다. 그리고는 주변에 있는 자연물을 이용해 구멍 난 부분이나 찢어진 부분을 채운다.

아이들은 서로 돌아가며 친구들이 나뭇잎을 치유하기 위해 어떤 표현을 했는지 살펴본다.

흔적 찾기

준비물 젖은 흙, 물

비가 온 뒤에 하기 적합한 놀이다. 두 손으로 젖은 흙바닥을 고르게 펴고, 표면이 고르게 매끄럽게 두드려 A4 크기의 도화지를 만든다.

흙이 질퍽한 상태하게 물기가 많아야 한다. 술래를 제외한 다른 아이들은 뒤돌아 앉는다.

술래는 나뭇가지로 흙으로 만든 도화지 위에 네모, 세모, 별, 원 따위 도형을 그린다. 그런 뒤 친구들을 향해 뒤돌아서서 자기가 그린 도형이 무엇인지 알아맞히게 한다.

흙이 질퍽하지 않으면 작은 돌로 도장을 찍듯이 해서 그림을 좀 더 복잡한 모양으로 그리게 할 수 있다.

나의 작은 섬

준비물 흙, 길쭉한 솔방울 4-5개, 나무껍질, 나뭇잎, 솔잎
작은 조약돌, 나뭇가지 1개, 나무껍질 조각 2개

아이들 서너 명이 짝을 이루어 흙을 모아 작은 섬을 만든다. 그런 다음 나뭇잎과 솔잎, 조약돌 등으로 덮는다.

솔방울은 사이사이에 초록색의 작은 나뭇잎을 끼워 넣어 활엽수처럼 보이게 만들고, 이것을 작은 섬 위에 세워서 울창한 숲을 만든다.

그리고 언제든 섬을 떠날 때 사용할 뗏목으로 나무껍질 조각 두 개를 올려놓는다. 이렇게 완성된 섬을 놓고 둘러앉는다.

그리고 교사가 종소리를 한 번 울리면 눈을 감고 뗏목을 타고 각자의 섬을 떠나 다시 육지로 돌아오는 상상을 한다.

잠시 뒤, 교사는 육지에 도착했다고 말하며 다시 종을 울린다. 아이들은 뗏목에서 내리는 상상을 하며 천천히 눈을 뜬다. 그리고 섬에서 있었던 일이나 뗏목을 타고 오면서 느낀 감정들을 자유롭게 표현하는 시간을 갖는다.

막대기 인형

준비물 나뭇가지(길이 30센티미터 정도), 활엽수 낙엽
도토리 꼭지 1개, 굵은 사인펜, 찰흙

나뭇잎 위에 굵은 사인펜으로 눈, 코, 입을 그린다. 나뭇잎에
그려진 입술 아래 부근에 나뭇가지로 구멍을 뚫고 밀어 넣은 양
쪽 눈 위쪽에 구멍을 내며 뒤에서 앞으로 나뭇가지를 밀어 넣는
다. 그런 다음 나뭇가지 끝에 찰흙으로 메운 도토리 꼭지를 모자
처럼 거꾸로 씌운다. 다 함께 노래를 부르며 리듬에 맞춰 인형을
손에 들고 흔들흔들 춤을 준다.

나무와 나무 사이에 낡은 천으로 무대를 만들고 아이들이 그
뒤에 인형을 두고 들어간다. 인형의 얼굴만 나오게 위로 치켜들
고 하고 싶은 말을 마음껏 하도록 한다.

땅 위의 예술품

준비물 작은 나뭇가지, 조약돌, 활엽수 잎 1장 또는 밤 1개

바닥에 있는 낙엽이나 돌멩이들을 깨끗하게 치우고 자연물 표현을 할 수 있는 흙도화지를 만든다. 아이들은 준비한 자연물을 이용해 자기가 생각한 동물 모양을 표현하고 다른 친구들은 무엇을 그렸는지를 맞춰 본다.

큰 아이들은 하나의 자연물로 표현 놀이를 한다. 예를 들면, 알 밤 하나를 흙도화지에 두고 나무 막대기로 배가 불룩한 사람을 표현한다거나 나뭇잎을 이용해 풍뎅이를 표현해 볼 수 있다.

나뭇잎 이름표 만들기

준비물 밤, 밤나무 잎(낙엽), 가위, 사인펜, 송곳, 테이프
공작용 풀, 신문지 또는 휴지

나뭇잎 이름표를 만들려면, 먼저 책 속에 끼워 곱게 말린 나뭇잎을 준비해야 한다. 그 나뭇잎을 세로로 세워 사인펜으로 이름을 쓴다. 아이들이 어려서 이름을 쓸 수 없으면 교사가 도와준다.

알밤이 중심을 잡을 수 있는 위치에 송곳으로 1센티미터 깊이로 좁은 구멍을 낸다. 구멍에 공작용 풀을 넣고 잎줄기를 꽂아 넘어지지 않게 세운다.

구멍이 커서 나뭇잎 이름표가 잘 세워지지 않으면 휴지로 살짝 구멍을 메우면 된다. 완성된 나뭇잎 이름표를 다른 자연물들과 함께 책상에 올려놓는다.

둥근 나무토박 나이테 만다라

준비물 나이테가 잘 드러난 2-3센티미터 두께의 둥근 나무토막, 털실

둥근 나무토막의 나이테를 잘 관찰한 다음 중심 시작하는 원을 따라 끈을 나이테 형태에 맞추어 놓는다.

나무 나이테를 따라서 안쪽에서부터 밖으로 천천히 털실을 올려놓는다. 가장 바깥쪽 나이테에서 안쪽으로 돌아가면서 놓기도 한다. 만다라는 원 중심부를 기준으로 색깔이나 그림이 각 방위로 대칭구조를 이룬다.

그림으로 그리거나 어떤 물체를 놓는 형식으로 표현되는 만다라는 마음을 진정시키고 평화롭게 해, 특히 공격적인 성향을 지닌 아이들한테 도움이 된다. 동시에 집중력과 인내심을 키워줄 수 있다.

그림 액자 만들기

준비물 나뭇가지 4개, 솔방울, 다양한 나뭇잎과 풀잎, 돌멩이, 나무열매

먼저 나뭇가지를 이용해 사각형 액자를 만든다. 그런 다음 조약돌, 솔방울, 나뭇잎 같은 자연물을 이용해 액자를 자유롭게 꾸민다. 만들어 놓은 여러 액자 가운데 하나를 선택해 자연물 위치를 주의 깊게 관찰하고 모두 눈을 감는다.

이때 교사는 술래를 정해 그림액자에서 자연물 하나를 감추거나 위치를 바꾸게 한다. 아이들은 눈을 뜨고 그림 액자에 어떤 변화가 있었는지 알아맞힌다.

정답을 말한 아이는 술래가 되어 자기가 만든 액자를 소개하고 같은 방법으로 놀이를 이어간다.

사계절 그물망

준비물 낚시 그물 또는 엉성하게 짠 면 그물(4~5미터×2미터)
여러 줄의 긴 끈, 다른 굵기의 바늘들, 가위, 두꺼운 색지 자투리

계절에 따라 구할 수 있는 여러 가지 자연물로 계절을 표현하고 그 변화를 알 수 있는 놀이이다. 놀이 장소에 따라, 실내 천장에 펼쳐 매달거나 나무 사이에 펼쳐 걸 수도 있다.

아이들은 활동 장소에서 모은 여러 가지 자연물을 그물에 올리거나 매달거나 끼우면서 그물을 꾸민다. 봄에는 빈 새집, 깃털 또는 봄을 나타낼 수 있는 생동감 넘치는 색상의 천들을 이용할 수도 있다. 특히 아이들이 모은 갖가지 색깔을 지닌 봄꽃이나 연둣빛 잎사귀를 꽃 압착기를 이용해 누른 뒤, 바늘과 실을 이용해 하나 또는 여러 개를 이어 그물에 매달거나, 그대로 그물 위에 올려 두는 활동을 할 수 있다.

색지 자투리를 이용해 만든 나비나 새, 잎사귀, 깃털로 장식해서 그물에 매달면 또 다른 장식 효과를 낼 수 있다.

제6장

주의력과 움직임을 키우는 놀이

운율이 있는 짧은 이야기 놀이는 중요한 내용을 편안하게
전달할 수 있는 장점이 있다. 또한 참가하는 아이들은 모두
함께할 수 있어서 불필요하게 오래 자리에 앉아 있거나
서서 기다리는 일이 없다.

운율이 있는 짧은 이야기 놀이를 반복하면 아이들은 이야기를
따라 하기도 하고, 이야기 내용에 대해 의견을 나누기도 한다.
또한 짧은 이야기 놀이에 자연물을 활용하면 아이들은 아주
흥미롭게 참여한다.

짧은 이야기 놀이 중 맨발로 부드러운 풀밭 위를 걷거나 벌이
되어 꽃으로 날아가는 놀이는 많은 아이를 매혹한다.

아이들은 어떠한 강요나 두려움 없이 스스로 움직이고, 뛰고,
달리고, 살금살금 걷는 활동을 한다.

게다가 운동을 싫어하는 아이들도 놀이에 참가하고 싶어 하는
마음이 일어나게도 한다.

이러한 놀이의 즐거움은 그룹 분위기에 긍정적인 효과를 주어
아이들이 짧은 이야기 놀이에 따라 몸을 움직이며 표현하는
것을 도와준다. 그리고 서로에 대해 인지하면서 친숙하게 된다.

숲에서 동물들을 찾아 보자

준비물 통나무 판, 꽃(참가자 모두)

교사는 활동 장소에 통나무를 둥글게 자른 판을 넉넉히 준비한다. 그리고 아이들 모두에게 꽃 한 송이씩 나누어 준다.

교사 숲에는 볼 것도 많고 들을 것도 많아요. 우리 함께 숲으로 가 볼까요.

아이 걸으면서 주변을 둘러본다.

교사 숲에는 새들이 지저귀는 소리가 울려 퍼지고 있어요. 잠시 걸음을 멈추고 새소리를 즐겨 볼까요.

아이 휘파람을 불며 걷다가 멈추어 선다.

교사 다람쥐가 나무 위로 재빠르게 올라가고 있어요.

아이 둥근 나무판 위로 다람쥐처럼 재빨리 오른다.

교사 다람쥐가 갑자기 뛰어내립니다. 도저히 뒤따라가 잡을 수 없네요.

아이 둥근 나무판 위에서 뛰어내려 달리기 시작한다.

교사 벌이 꽃에 앉네요. 벌은 꿀을 모아 다시 날아가네요.

아이 벌이 꿀을 모으는 것처럼 몸을 움츠리고 앉는다.

교사 우리는 숲속을 걷다가 걸음을 멈춥니다. 땅에서 무언가가 움직이고 있는 것을 보았기 때문입니다.

아이 걷다가 멈추어 선다. 그리고 땅바닥을 내려다본다.

교사 개미들이 줄지어 어디론가 가고 있네요. 우리는 그 모습을 살펴봅니다.

아이 개미들이 줄지어가듯 한 줄로 서서 걷는다.

교사 숲에는 많은 곤충과 동식물이 살아가고 있습니다. 자! 이제는 집으로 돌아가야 합니다.

아이 숲에게 "안녕"이라 말하며 손을 흔든다.

아기 다람쥐와 담비

64

준비물 나뭇가지, 도토리

부러진 나뭇가지들을 땅 위에 적당한 간격을 두어 놓고 그 주변에 도토리를 여기 저기 흩어 놓는다. 아이들은 아기 다람쥐가 된다.

교사 모든 아기 다람쥐는 가지에서 가지로 뛰어다닙니다. 한참을 뛰고 나서는 휴식을 취합니다.

아이 나뭇가지들 위를 뛰어다닌다. 한 나뭇가지 앞에 선다.

교사 자! 우리는 크고 굵은 나무 꼭대기로 기어오릅니다. 그런 다음 귀 기울여 듣습니다.

아이 나무에 기어오르는 흉내를 내다가 멈추고, 손을 귀에 대고 소리를 듣는다.

교사 소리가 나는 쪽을 보니 담비가 보입니다. 아, 무서워!

아이 손으로 입을 가리면서 놀란 표정을 짓는다.

교사 우리는 재빠르게 나무에서 내려갑니다. 하지만 담비한테 들키지 않도록 발소리를 낮추어 내려갑니다.

아이 나무에서 내려가는 흉내를 낸다.

교사 숨 막히는 순간입니다. 우리는 잠시 멈추어 주위를 살핍니다. 그러고는 다시 나무에서 내려갑니다.

아이 나뭇가지 옆에 잠시 멈춰 선다. 다시 나무에서 내려가는 흉내를 낸다.

교사 우리는 재빠르게 나뭇가지를 뛰어다닙니다. 우리는 쉴 시간이 없습니다.

아이 이 나뭇가지에서 저 나뭇가지로 계속 뛰어다닌다.

교사 이제 담비가 보이지 않습니다. 우리는 마음 놓고 천천히 나무를 내려갈 수 있습니다.

아이 주변을 살펴보며 편안하게 걷는다.

교사 다행스럽게 아무 일도 일어나지 않았습니다. 우리는 위험한 상황을 잘 이겨 냈고, 어려움을 이겨 내는 용기도 생겼습니다.

아이 안도의 숨을 쉬며 행복한 표정을 짓는다.

교사 아기 다람쥐들은 기뻐하며 여기 저기 흩어져 있는 도토리를 모읍니다.

아이 즐거운 마음으로 도토리를 찾는다.

겨울 휴식인가, 겨울잠인가?

준비물 낙엽, 견과류(호두, 밤, 피땅콩), 사과, 종이

놀이를 시작하기 전에 교사는 땅에 낙엽을 흩어 놓고, 낙엽 밑에 종이로 잘 감싼 견과류와 사과를 숨긴다. 교사가 놀이를 준비하는 동안 아이들은 활동 장소에서 편안하게 기다린다.

교사 가을입니다. 이제 점점 추워질 것입니다. 가을 숲은 온갖 색의 향연이 펼쳐집니다.

아이 양팔로 자기 자신을 사랑스럽고 따뜻하게 감싸 안는다.

교사 숲 속에서는 가을 낙엽들을 볼 수 있습니다. 걸을 때면 발 아래에서 나뭇잎이 바스락거리며 소리를 냅니다.

아이 땅바닥을 바라보며 낙엽 위를 걷는다.

교사 우리는 계속 걸어가다가 조용히 멈추어 섭니다. 저 멀리에 아기 다람쥐가 보이기 때문입니다.

아이 걸음을 멈추고 한 손을 이마에 올리고 멀리 내다보는 시

능을 한다.

교사 다람쥐는 맛있는 견과류 모으기를 좋아합니다. 그렇게 모은 견과류를 맛있게 먹습니다.

아이 땅에 떨어져 있는 견과류를 찾는 시늉을 하고, 그렇게 찾아 낸 견과류를 갉아 먹는 행동을 한다.

교사 다람쥐들은 숲에서 얻은 견과류를 여기 저기 숨깁니다. 견과류는 언제 필요해서 숨기는 걸까요?

아이 숲에서 구한 견과류를 나무 뒤나 낙엽 아래에 숨긴다. 그리고 '겨울에 먹으려고 숨겨요' 하고 대답한다.

교사 네, 맞아요. 겨울에는 다람쥐들도 겨울잠을 잡니다. 그리고 가끔 깨어나 숨겨 둔 먹이를 찾아 먹습니다.

아이 조용히 서서 교사의 말에 귀를 기울인다.

교사 우리는 다시 숲 속을 걸어갑니다. 그러다가 또 멈추어 섭니다. 가시 같은 털이 가득한 고슴도치를 보았기 때문입니다.

　아이　걸음을 멈추고 가만히 한곳을 바라본다.

　교사　가을이 되면 고슴도치도 먹잇감을 찾아야 합니다. 그래서 가을에는 먹이를 찾아나선 고슴도치를 자주 만날 수 있습니다.

　아이　먹잇감을 찾는다.

　교사　겨울잠을 자기 전에 고슴도치는 먹이를 많이 먹어 두어야 합니다. 고슴도치는 벌레와 사과를 좋아합니다.

　아이　손으로 불룩한 배를 표현하고, 사과를 찾아 베어 먹는다.

　교사　고슴도치는 입맛을 다시며 행복한 시간을 보냅니다. 봄이 되면 다시 깨어나고 우리 친구들과 다시 만나게 됩니다.

　아이　눈을 감고 입맛을 다시면서 코를 고는 시늉을 한다. 겨울 잠에서 깨어나 팔다리를 힘껏 뻗어 기지개를 켠다.

숲에서의 밤

66

준비물 나뭇가지, 돌멩이, 도토리 또는 알밤

아이들은 나뭇가지, 돌멩이, 도토리 들을 모아 활동 장소의 나무 아래 여기 저기 흩어 놓는다. 그리고 모두 동그랗게 서서 교사가 하는 말에 귀를 기울인다.

교사 어떤 동물들이 밝은 대낮을 싫어할까요?
아이 대답한다.
교사 어떤 동물들이 어두운 밤을 싫어할까요?
아이 대답한다.
교사 들쥐는 주로 낮에는 잠을 자면서 쉰답니다. 그리고 밤이 되면 집에서 나와 먹이를 찾아다닙니다.
아이 팔다리를 뻗고 기지개를 켠다.
교사 들쥐는 잽싸게 나뭇가지와 돌멩이 위를 돌아다닙니다. 들쥐는 보통 혼자 다닙니다.

아이 나뭇가지와 돌멩이 위를 뛰어다닌다.

교사 들쥐는 도토리를 찾아 물고 갑니다. 도토리를 먹고 통통하게 살이 찝니다.

아이 도토리를 찾아 바지 주머니에 넣는다.

교사 부엉이는 낮에는 나무에 숨어서 잠을 잡니다. 부엉이는 밤에 활동하는 새입니다.

아이 나무 뒤에 숨는다.

교사 밤이 되면 부엉이는 깨어나 들쥐를 소리도 없이 잡습니다. 부엉이를 피해 쥐가 집으로 도망갈 수 있을까요?

아이 날아다니면서 쥐를 잡는 흉내를 낸다.

교사 들쥐는 부엉이를 피해 재빠르게 달아납니다. 부엉이는 다른 곳으로 날아갑니다.

아이 조용히 계속 날아다닌다.

교사 박쥐도 낮에는 동굴에서 잠을 잡니다. 하지만 해가 지면 동굴에서 나와 숲을 날아다니며 먹이를 구합니다.

아이 날아다니는 흉내를 낸다.

교사 겨울은 무척 춥습니다. 그래서 많은 동물들이 동굴에 들어가 긴 겨울잠을 잡니다.

아이 몸을 웅크리고 앉아 코를 골며 잠자는 흉내를 낸다.

발밑에 있는 풀

준비물 없음

이 놀이는 맑은 날에 잔디밭에서 하기에 적합하다. 아이들은 신발을 벗고 맨발로 잔디를 밟는 감각을 느낀다.

교사 우리는 작고 예쁜 아기 토끼처럼 가만히 있습니다.
아이 조용히 서 있는다.
교사 발아래 잔디를 느낍니다.
아이 잔디 밟는 느낌을 충분히 인지한다.
교사 우리는 조심스럽게 잔디밭 위를 걸어갑니다.
아이 잔디를 밟으며 천천히 걷는다.
교사 우리는 잔디밭에 피어난 한 송이 꽃을 눈여겨봅니다.
아이 꽃이 피어 있는 곳 주위를 조용히 움직인다.
교사 우리는 잔디밭에 있는 곤충들을 방해하지 않습니다.
아이 곤충들을 밟지 않는다.

교사 우리는 잔디밭 위에 서 있습니다.

아이 맨발로 조용히 서 있는다.

교사 우리는 잔디밭에서 팔다리를 뻗습니다.

아이 서서 팔다리를 뻗는다.

교사 우리는 잔디밭 위에서 기지개를 켭니다.

아이 서서 기지개를 켠다.

교사 우리는 잔디밭에서 즐거운 시간을 보냅니다.

아이 조용히 서 있는다.

교사 우리는 부드러운 잔디밭에서 평온을 느낍니다.

아이 두 눈을 감는다.

교사 우리는 아주 행복한 토끼처럼 뛰어다닙니다.

아이 두 손을 머리에 올리고 제자리에서 깡충깡충 뛴다.

언덕은 어떻게 만들어지는 걸까?

준비물 책상 8-10개, 풀, 흙, 상자 1개(참가자 모두)

이 놀이는 실내 공간에서 하기 적합하다. 책상 위에 잔디밭이 생긴 것처럼 많은 풀을 올려놓는다. 그런 다음 아이들은 빈 상자에 흙을 채워 책상에 올려놓는다. 이것은 두더지 언덕이다.

교사 초원으로 가 볼까요! 그곳에는 신기한 볼거리가 많아요.

아이 책상 주위를 돌면서 주변을 살펴본다.

교사 밑에서는 두더지가 굴을 팝니다. 굴은 길고 넓게 만들어집니다.

아이 책상 아래로 기어 다니면서 굴 파는 시늉을 한다.

교사 두더지는 좁은 굴에서 뒷걸음질을 하기도 합니다. 그러나 보통 우리는 두더지가 앞으로 가는 모습만 볼 수 있습니다.

아이 책상 아래에서 앞뒤로 왔다 갔다 움직인다.

교사 두더지는 눈이 나빠 앞을 거의 보지 못하고, 냄새를 맡거나 만져서 사물을 분간합니다.

아이 책상다리를 냄새 맡고, 바닥을 더듬는다.

교사 두더지는 집과 저장 창고, 잠자는 방을 짓습니다. 침실에서 달콤한 꿈을 꿉니다.

아이 집 짓는 시늉을 한다. 달콤한 꿈을 꾸는 듯 눈을 감는다.

교사 두더지는 흙을 파냅니다. 땅속에 살려면 공간이 필요하기 때문입니다.

아이 삽질하면서 흙을 퍼낸다.

교사 초원에 언덕이 생긴 것을 볼 수 있습니다. 이 언덕은 땅 밑에 만들어진 굴에 공기를 넣어 줍니다.

아이 흙이 담긴 상자를 가리킨다.

교사 두더지는 굴속을 돌아다니다 멈추어 섭니다. 이제 먹을 것을 찾습니다.

아이 책상 아래를 여기 저기 돌아다닌다.

교사 두더지는 약간 상한 것을 좋아합니다. 혹시 우리 친구들도 상한 것을 좋아하나요?

아이 무엇인가 먹는 시늉을 내다가 대답한다.

교사 두더지는 정말 유익한 동물입니다. 땅속을 돌아다니며 흙을 파헤친답니다.

아이 귀 기울여 듣는다.

꽃에서 꿀이 만들어진다

준비물 빈 나무상자 1개, 벌통 1개, 양봉용 망사모자 1개, 음료수 1상자
삼베 수건 1개(모두), 음료수 병 1개

꽃이 많이 피어 있는 곳을 찾아 적당한 자리에 빈 나무 상자, 명주 수건, 양봉용 망사 모자, 벌통을 놓아둔다. 풀밭 가장자리에 음료수 한 상자와 병들을 놓는다. 모든 아이가 간격을 두고 풀밭 위에 서면 교사는 이야기를 시작한다.

교사 벌 한 마리가 이 꽃 저 꽃 날아다닙니다. 붕붕, 힘차게 날 갯짓을 하며 부지런히 날아다닙니다.

아이 이 꽃에서 저 꽃으로 벌처럼 날아다니는 흉내를 낸다.

교사 벌은 부지런히 꽃가루를 모읍니다. 꽃가루는 꿀주머니에 모입니다.

아이 꽃가루를 주머니에 넣는 시늉을 한다.

교사 화분은 꿀주머니에 저장됩니다. 어떻게 꿀이 만들어지는지 말할 수 있겠어요?

아이 대답한다.

교사 벌은 벌집이 있는 나무상자 안으로 날아 들어갑니다. 벌집으로 화분을 남김없이 가져갑니다.

아이 벌집이 있는 나무상자를 향해 힘차게 날아간다.

교사 벌들은 혼자가 아니라 함께 살아갑니다. 그렇지 않으면 벌들은 아주 외로울 것입니다.

아이 서로 손을 내밀어 악수를 한다.

교사 벌집판 들이 나무 상자에 고정됩니다. 부지런한 벌들은 벌집판을 화분으로 가득 채웁니다.(교사는 벌집판을 보여주고 나무 상자 위에 올려놓는다.)

아이 모든 벌들은 벌집판을 화분으로 채우는 흉내를 낸다.

교사 양봉하는 사람들은 망사로 된 모자를 씁니다. 망사모자는 벌침으로부터 얼굴을 보호한답니다. 사람들은 망사모자를 쓰고 벌집 가까이 다가갑니다.(교사는 양봉용 망사모자를 보여주고 머리 위에 쓸 삼베 수건을 나누어 준다.)

교사 양봉가들은 조심스럽게 꿀로 가득한 벌집판을 꺼냅니다. 드디어 꿀을 채취합니다.

(교사는 벌집판을 한쪽에 놓아둔다.)

교사 벌통은 원심기에 담아집니다. 채취된 꿀은 유리병들에 담습니다.

아이 모두 각자의 속도대로 빙글빙글 돈다. 그리고 꿀을 병에 담는 흉내를 낸다.

교사 양봉가들은 벌들에게 먹이를 줍니다. 엄마나 아빠처럼 벌들을 돌봅니다.

아이 음료수를 컵에 나누어 담는다.

아이들이 음료수를 마시는 동안, 교사는 벌이 겨울을 이겨낼 수 있도록 양봉가들이 설탕물을 준다는 것을 설명한다.

초식, 육식, 잡식 동물들

준비물 풀, 허브, 토끼풀, 산딸기, 꽃

아이들은 준비한 자연물들을 활동 장소 여기저기에 흩어 놓는다. 아이들은 교사가 소개하는 다양한 동물 역할에 맡는다.

교사 자! 보세요, 저기 풀밭에 사슴들이 서 있습니다. 사슴들은 풀과 허브, 토끼풀을 잘 먹습니다.

아이 풀, 허브, 토끼풀이 있는 곳으로 달려간다.

교사 자! 보세요, 저기 커다란 멧돼지 한 마리가 서 있습니다. 과일이나 나무뿌리, 벌레 등을 잘 먹습니다.

아이 꿀꿀거리며 흙을 파헤치고 나무뿌리와 벌레를 찾아내 맛있게 먹는다.

교사 자! 보세요, 저기 풀밭에 여우가 숨어 있습니다. 여우는 토끼 같은 작은 동물을 잡아먹습니다.

아이 토끼를 잡을 듯이 숨어 있는 흉내를 낸다.

교사 자! 보세요, 저기 작은 산토끼가 뛰어가고 있습니다. 산토끼는 부드러운 풀을 코에 대고 냄새를 맡습니다.

아이 풀밭 위를 깡충깡충 뛰어다닌다.

교사 자! 보세요, 저기 작은 들쥐가 기어가고 있습니다. 풀잎들은 들쥐가 집 밖으로 나오게 유인합니다.

아이 풀잎 위를 기어 다닌다.

교사 자! 보세요, 하늘에서 매 한 마리가 빠르게 내려옵니다. 경쾌하고 매끄럽게 쥐를 사냥합니다.

아이 쥐를 사냥하는 매처럼 난다.

교사 자! 보세요, 저기 담비가 숲에서 돌아다니고 있습니다. 담비는 벌레나 새, 산딸기 등을 좋아합니다.

아이 산딸기가 있는 곳으로 달려가 맛있게 먹는다.

교사 자! 보세요, 저기 방울새가 날고 있습니다. 방울새는 거미, 곤충, 산딸기 등을 먹기 위해 날아다닙니다.

아이 이리 저리 먹이를 찾아 날아다니는 흉내를 낸다.

교사 자! 보세요, 저기 벌이 꽃을 찾아 날아다니고 있습니다. 꽃 속으로 들어가 꽃가루를 모은 뒤에 다시 날아갑니다.

아이 꽃이 있는 주변을 날다가 잠시 멈추고 다시 난다.

교사 자! 보세요, 저기 작은 거미 한 마리가 기어가고 있습니다. 거미줄에 걸린 곤충을 맛있게 먹습니다.

아이 둥글게 원을 그리며 기어 다니다가 거미줄에 걸린 작은 곤충을 먹는 시늉을 한다.

토끼와 여우

준비물 없음

아이들이 몸을 숨길 수 있는 덤불이나 나무가 많은 곳을 활동 장소로 정한다. 아이들은 모두 토끼가 된다.

교사 어떤 동물이 풀밭 위를 뛰어다니고 있어요. 바로 작고 귀여운 산토끼입니다.

아이 제자리에서 뛴다.

교사 산토끼는 풀밭 위에서 깡충깡충 뜁니다. 그리고 코를 킁킁거리며 풀 냄새를 맡습니다.

아이 여기저기 뛰어다니며 풀 냄새를 맡는다.

교사 산토끼는 귀를 쫑긋 세우고 무슨 소리를 듣습니다.

아이 한 손을 귀에 대고 귀 기울여 듣는다.

교사 어머나! 여우가 산토끼를 발견했습니다. 빨리 도망가야 합니다.

아이 매우 놀란 표정을 짓는다.

교사 여우가 산토끼를 쫓기 시작합니다. 산토끼는 재빠르게 달아납니다.

아이 숲 속 여기저기로 빠르게 달아난다.

교사 산토끼는 덤불을 발견하고 얼른 숨습니다. 여우는 산토끼를 찾지 못합니다.

아이 덤불에 몸을 숨긴다.

교사 산토끼는 덤불에서 안도의 숨을 쉽니다. 여우는 그 어디에서도 산토끼를 찾을 수 없습니다.

아이 여우가 사라질 때까지 덤불에 몸을 숨기고 기다린다.

교사 시간이 어느 정도 흐른 뒤, 산토끼는 덤불에서 나옵니다.

아이 신 나게 소리치며 덤불에서 나온다.

교사 어떤 동물이 풀밭 위를 신 나게 뛰어다니고 있어요. 바로 우리의 작은 예쁜 산토끼입니다.

아이 풀밭 위를 마음껏 뛰어다닌다.

기어 다니고 날아다니고 뛰어다는 게 뭘까?

준비물 나뭇가지, 통나무, 나뭇잎, 이끼

아이들은 땅바닥에 자연물들을 고르게 펼쳐 놓고 다음에 이어
지는 이야기에서 동물들이 나올 때까지 기다린다.

교사 숲에서는 기어 다니는 개미들을 자주 볼 수 있습니다. 나
뭇가지 위에도 올라가고, 손에도 올라갑니다.
아이 나뭇가지 위로 기어 올라간다.
교사 새들은 먼 데까지 날아갈 수 있습니다. 겨울철에는 머나
먼 따뜻한 나라로 날아갑니다.
아이 양쪽 팔을 크게 벌리고 나는 시늉을 한다.
교사 영리한 여우는 숨어서 조용하게 움직입니다. 먹잇감이 눈
치 채지 못하도록 가까이 다가가기 위해서입니다.
아이 이리저리 살금살금 움직이며 걷는다.
교사 토끼는 빠르게 방향을 바꾸며 달아날 수 있습니다. 그래

서 여우가 토끼를 따라잡기란 무척 어렵습니다.

아이 지그재그로 달린다.

교사 멧돼지는 매우 빠르고 힘차게 달릴 수 있습니다. 달리기가 끝나면 거칠게 숨을 몰아쉽니다.

아이 기운차게 달리다가 멈추어 서서 가쁘게 숨을 몰아쉰다.

교사 들쥐는 잽싸게 숲을 돌아다닙니다. 그러면서 큰 짐승이 없는지 여기저기 살펴봅니다.

아이 재빠르게 달리다가 멈추어 서서 주위를 유심히 살핀다.

교사 개구리는 폴짝폴짝 뛰어다니고 개굴개굴 잘 웁니다. 개구리 울음소리는 크고 선명해 아주 멀리서도 들을 수 있습니다.

아이 손바닥을 땅에 짚고 폴짝폴짝 뛰면서 개구리 울음소리를 낸다.

교사 벌들은 날갯짓소리가 무척 힘찹니다. 붕붕! 날갯짓소리로 합창을 합니다. 참 듣기 좋은 합창입니다.

아이 벌이 나는 시늉을 하며 입으로, 붕붕! 소리를 낸다.

교사 다람쥐가 나무에 오르고 있습니다. 다람쥐는 집으로 돌아가 도토리를 맛있게 먹는 꿈을 꿉니다.

아이 주위에 있는 통나무 위에 올라 잠을 자는 듯이 가만히 앉거나 풀밭에 누워 도토리를 먹는 꿈을 표현해 본다.

교사 고슴도치는 나뭇잎과 이끼 위를 달리기 좋아합니다. 위험이 닥치면 몸을 동그랗게 움츠립니다. 위험한 순간이 지나가면 다시 몸을 펴고 달립니다.

아이 나뭇잎과 이끼 위를 기어 다니다 멈추고는 움직이지 않는다. 주위를 살펴보고 안전하다고 생각되면 몸을 일으켜 다시 달린다.

제7장

음악 감각과
표현 능력을 키우는 놀이

음악적 표현력은 음을 구별하는 능력에서 출발한다.
아이들은 숲활동을 하다가 때때는 모든 행동을 멈추고
새들이 지저귀는 소리나 시냇물이 졸졸 흐르는 소리,
바람이 나뭇잎을 흔드는 소리에 귀를 기울이게 된다.
누가 시켜서 하는 행동이 아니라 숲활동을 하면서 자연스럽게
이루어지는 행동이다. 이러한 자연의 소리를 들음으로써,
아이들은 음악적 표현 능력을 키우게 된다.
자연의 소리는 여러 가지 음이 동시에 조화를 이루고 있어서
특별히 집중하는 경우만 한 가지 소리를 들을 수 있다.
순간순간 다르면서도 항상 들리는 시냇물 소리는 가끔 들리는
새소리와 바람에 흔들리는 나뭇잎 소리들 그리고 친구들이
뛰어다니며 노는 소리들과 함께 어우러져 있다.
따라서 시냇물 소리만 들을 수 있는 연습은 음을
구별할 수 있는 능력을 키우는 기본 과정이다.
아이들은 자신들만의 소리를 내기 위해 다양한 시도를 한다.
목소리로 여러 가지 음을 만들어 들어 보기도 하고
자연물들을 두드리거나 부딪쳐서 자기가 좋아하는 소리를
숲활동에서 주로 사용하는 것은 나뭇가지를 이용하여

타악기를 만드는 것이다. 통나무나 돌, 바닥 등 대상 물질에
따라 다양한 소리를 내는 이러한 타악기의 집합은
노래나 연주곡의 반주에 아주 훌륭하게 응용되며,
아이들은 합주를 하거나 독주를 하며 자연과 하나가 되는
시간을 누릴 수 있다.

간단한 리듬을 연주하고 그 연주에 따라 노래하는 것 또는
음악에 맞춰 율동하는 일련의 활동은 집중력, 리듬감 그리고
몸으로 자기를 표현하는 능력들을 키우는 데 도움이 된다.
더불어, 간단한 리듬놀이에 사용되는 자연물들은 아이들에게
상상력과 건강한 자존감을 불러일으킨다.

이러한 효과는 외부에서 부여되는 기적적인 현상이 아니라,
자신 안에 있는 풍부한 상상력과 음악적 재능이 간단한
리듬 악기를 통해 발현되는 것이다.

그럼에도 불구하고 아이들은 자신의 악기 연주에 대해 매우
자랑스럽게 여긴다. 아이들이 이러한 경험하도록 하려면
전문가가 지도하는 것보다는 아이 자신이 좋아하는 소리를
창조할 수 있도록 먼저 기회를 주어 자기 감각을 개발하고
표현할 수 있도록 해야 한다.

숲 속 나무치기 연주회

놀이 인원 3명 이상   **준비물** 나무줄기, 단단한 나무막대(약 30센티미터)

다섯 명 정도로 구성된 아이들은 각자 짧고 두툼한 나무막대를 들고 미리 정해 둔 나무 앞에 모인다. 교사는 모든 아이가 나무치기를 할 수 있도록 공간을 여유 있게 정한다.

나무치기를 하며 부를 노래는 아이들 모두 아는 노래로 정한다. 준비가 다 됐으면, 아이들은 노래에 맞추어 나무줄기나 나무 기둥을 두드린다. 여러 조가 함께 나무치기를 할 때에는 지휘자를 정해 돌림노래를 해도 좋다.

조약돌 음악대

놀이 인원 8명 이상 **준비물** 조약돌

아이들은 두 사람이 짝이 되도록 두 줄로 원을 그리고 선다. 아이들은 양손에 조약돌을 들고 짧은 노래를 부른다. 이때 짝과 함께 박자에 맞추어 조심스럽게 돌을 맞부딪친다.

노래가 끝나면 원 안쪽에 있는 아이들이 한 걸음 오른쪽으로 이동하여 새로운 아이와 짝을 이루어 새로운 노래를 부른다.

아이들이 애초 자기 짝과 다시 만날 때까지 놀이를 이어간다.

넝쿨 줄기 위의 무용수들

놀이 인원 4명 이상   **준비물** 넝쿨 줄기, 나뭇가지

바닥에 긴 넝쿨 줄기를 자연스럽게 늘어놓는다. 아이들은 줄기에서 조금 떨어진 곳에 둥글게 둘러선다. 술래가 원 한가운데 서면 나머지 아이들은 "네가 춤을 추는 것을 보고 싶어, 보고 싶어! 나무 위로 올라가라!" 하고 큰 소리로 외친다.

술래는 한 손을 앞으로 뻗고 음절에 따라 시계 방향으로 한 사람씩 가리키며 돈다. "나무 위로 올라가라!"는 구절이 끝날 때 술래도 멈춘다.

이때 술래가 가리키는 아이가 넝쿨 줄기에 올라간다. 두 번째

아이도 같은 방법으로 뽑는다. 두 아이는 넝쿨 줄기 위에 서고, 나머지 아이들은 나뭇가지 두 개를 들고 둥근 넝쿨 줄기 앞에 반원 모양으로 선다.

아이들이 막대기를 두 개를 두드리며 노래를 부르면 나무 넝쿨 줄기 위의 선 두 아이는 노래에 맞춰 균형을 잡고, 멋진 동작들을 마음껏 선보인다.

한 발로 서거나 폴짝 뛰거나 무릎을 이용하거나 옆 사람과 자리를 바꾸는 동작을 한다. 노래가 끝나면 다시 새롭게 놀이를 시작한다.

나무줄기 위에서 하는 이 놀이는 몸의 균형 감각을 키울 수 있는 놀이다. 게다가 간단한 곡예라도 보여줄 수 있으면, 아이들은 '나도 할 수 있다'는 자부심을 느끼게 된다.

즐겁게 춤을 추자!

놀이 인원 5명 이상 **준비물** 참가자 모두 서로 다른 자연물

아이들은 각자 다른 자연물을 들고 둥글게 둘러서서 자기가 갖고 있는 자연물을 보여준다. 교사는 아래 구절을 읊는다.

도토리아가씨가 빙빙 돌며 춤을 춥니다.
정말 멋지게 춤을 추네요.

그러면 도토리를 갖고 있는 아이는 도토리를 높이 들어 다른 아이들한테 보여주고 춤을 추기 시작한다. 그와 동시에 아이들은 노래를 부른다.

노래와 춤이 멈추면 도토리를 들었던 아이는 술래가 되어 다른 자연물을 넣은 구절을 말하며 다시 놀이를 시작한다. 모든 아이가 한 번씩 자연물들을 보여주고 춤을 추면 놀이가 끝난다.

잎사귀로의 여행

놀이 인원 12명 이상
준비물 (12명 기준) 커다란 잎사귀 10장, 두껍고 짧은 나뭇가지 10개, 경쾌한 노래

어릴 때 누구나 한 번쯤 해 봤을 의자놀이를 떠올리면 된다. 참가자 수보다 의자를 적게 놓고 어떤 신호에 따라 먼저 의자를 차지해 앉는 놀이이다.

잎사귀 놀이는 의자 대신 숲에서 쉽게 찾을 수 있는 커다란 잎사귀를 이용한다. 잎사귀를 한 줄로 바닥에 놓는데, 아이들이 잎사귀들 사이로 잘 뛰어다닐 수 있도록 간격을 충분히 띄운다. 잎사귀 수는 놀이 인원보다 두 장 적게 준비한다.

아이들은 작은 무당벌레가 되어 경쾌한 노래를 부르며 나뭇잎들 주위를 날아다닌다. 그러다 교사가 "멈춰!"라는 신호를 보내면, 아이들은 재빨리 빈 나뭇잎 위로 올라간다. 잎사귀 위에 올라가지 못한 두 아이 이제 첫 번째와 마지막 잎을 들고 나무 두드리기를 한다.

각자 나뭇가지 두 개를 주워 주위에 있는 자연물을 두드리며 친구들이 부르는 경쾌한 노래에 맞춰 나무치기를 한다. 놀이가 진행될수록 나무치기를 하는 아이들이 많아진다.

물속에는 물고기가 몇 마리 있나?

78

놀이 인원 6명 이상   준비물 조약돌, 물, 컵

아이들은 물고기가 물속에서 노니는 것처럼 자유롭게 움직인다. 아이들은 조용히 발끝으로 여기저기 움직이다가 교사가 물속에 떨어뜨리는 조약돌 수를 함께 센다.

만약 조약돌을 세 개 떨어뜨리면 세 사람이 짝을 이루어 헤엄치며 돌아다닌다.

이때 다른 조를 만나면 각 조의 앞에 선 아이끼리 가위바위보를 하고, 진 조가 이긴 조 뒤에 가서 줄을 선다. 모든 아이가 한 무리 물고기를 이룰 때까지 놀이를 한다.

메아리는 어떤 소리를 낼까?

놀이 인원 5명 이상 준비물 눈가리개, 나무막대(30센티미터)

아이들은 각자 두껍고 짧은 나무막대 두 개씩 들고 둥글게 선다. 술래는 원 가운데 선 다음 눈가리개를 하고 들고 있는 나무막대로 짧고 간단한 나무치기를 한다.

다른 아이들은 술래가 하는 리듬을 귀 기울여 듣고 그대로 따라 한다. 교사가 신호를 보내면 모든 아이가 나무치기를 몇 차례 반복하고, 술래는 들고 있던 나무막대를 내려놓고 원 안에서 이리저리 돌아다닌다.

리듬이 끝날 때, 술래가 서 있는 자리에서 가장 가까이에 있는 아이가 다음 술래가 된다.

딱따구리의 두드림

놀이 인원 8명 이상   준비물 짧고 굵은 나무막대

80

술래는 딱따구리가 되어 나무막대로 나무를 두드린다. 다른 아이들은 술래가 두드리는 리듬에 맞추어 놀이 장소 여기저기를 자유롭게 돌아다닌다. 그러다 술래가 나무치기를 멈추면 아이들은 모두 조각상처럼 꼼짝하지 않고 기다린다.

술래가 다시 나무치기를 하기 전에 몸을 움직이거나 소리는 내는 아이는 다음 놀이를 함께할 수 없다. 이렇게 놀이가 계속되고 세 사람이 남게 되면 술래는 나무치기를 멈추고 남아 있는 세 친구들 이름을 부른다.

이름이 다 불리는 순간, 세 사람은 술래가 서 있는 나무로 달려간다. 가장 먼저 도착한 아이가 다음 놀이를 진행하는 딱따구리 역할을 맡는다.

솔잎 또는 떡갈잎

놀이 인원 1명 이상   **준비물** 돌멩이 또는 단단한 나뭇막대(약 30센티미터)

교사는 작은 돌멩이로 바위를 두드리면 그 박자에 맞춰 아이들은 두 팔 벌려 날갯짓을 하며 자유롭게 돌아다닌다. 이때 교사는 아이들이 움직이는 속도를 잘 조절하면서 돌치기를 한다.

아이들이 충분히 움직였다고 판단되면, 교사는 돌치기를 멈추고 술래 이름을 부른다. 호명된 술래는 '솔잎', '떡갈잎', '단풍잎' 등 나뭇잎 이름을 크게 외친다. 나머지 아이들은 술래가 말한 나뭇잎을 찾는다.

나뭇잎을 찾은 아이들은 양손에 나뭇잎을 들고 날갯짓을 하며 놀이 장소를 돌아다닌다. 교사가 "모두 새둥지로 가세요!" 하고 외치면, 아이들은 미리 정해 둔 나무를 찾아가 힘껏 보듬는다.

딱따구리는 어디에 앉아 있을까?

놀이 인원 3명 이상 **준비물** 단단한 나무막대(약 30센티미터)

아이들은 둥글게 서서 첫 번째 딱따구리 역할을 할 술래를 정한다. 교사는 술래한테 미리 준비한 나무막대를 준다. 나머지 아이들은 나란히 옆으로 서서 두 눈을 감는다.

술래는 주변에 있는 나무를 하나 정해 나무막대로 두드린다. 아이들은 눈을 감은 채로 소리가 들려오는 방향을 손가락으로 가리킨다. 교사가 신호를 하면, 아이들은 눈을 뜨고 소리가 난 방향과 자기가 가리키는 방향이 일치하는지 확인한다.

술래는 방향을 맞춘 아이한테 나무막대를 주고 놀이를 이어간다. 방향을 맞춘 아이들이 여럿일 때에는 가위바위보로 술래를 정한다.

돌이 된 동물들

놀이 인원 4명 이상   **준비물** 조약돌

움직이면서 다른 사람이 하는 말을 집중해서 듣는 건 쉽지 않다. 아이들은 이 놀이를 통해 집중력을 키울 수 있다.

돌을 다루는 석공이 된 술래는 조약돌 두 개를 가지고 다른 아이들로부터 4, 5미터 떨어진 곳으로 간다. 나머지 아이들은 한 줄로 나란히 서서 "석공 아저씨! 어떤 동물을 원하세요?" 하고 묻는다.

예를 들어, 석공이 "새"라고 말하면, 아이들은 새의 움직임을 흉내 내며 석공이 있는 곳으로 움직인다. 잠시 뒤 석공이 돌을 세 번 두드리면 모든 아이는 움직임을 멈추고 그 상태로 석상이 된다. 돌을 세 번 두드린 뒤에도 움직이는 아이가 있으면 술래는 그 아이 이름을 부른다.

술래가 이름을 부른 아이는 놀이가 끝날 때까지 움직이지 못한다. 나머지 아이들은 다시 술래한테 어떤 동물을 원하는지를 묻고, 석공은 새로운 동물 이름을 말한다.

아이들은 술래가 말한 동물 흉내를 내며 술래한테 다가간다. 술래 바로 곁에까지 간 아이가 나오면 술래를 바꾸어 다시 놀이를 한다.

고슴도치는 어디에 있나?

놀이 인원 8명 이상 준비물 낙엽

아이들은 낙엽을 충분히 모아 쌓고 그 주위에 둥글게 선다. 고슴도치 역할을 할 술래는 낙엽더미가 있는 원 가운데로 들어가고 나머지 아이들은 눈을 감는다.

이제 고슴도치인 술래가 어디쯤에서 움직이고 있는지 귀 기울여 듣는다.

술래는 낙엽을 소리 내 밟으며 걷다가 한 아이 앞에 다가가 선다. 다시 조용해진 가운데 고슴도치가 바로 자기 앞에 있다고 느껴지는 아이는 얼른 손을 든다. 아무도 손을 들지 않으면 술래는 다시 놀이를 시작한다.

소리 숨바꼭질

놀이 인원 6명 이상
준비물 조약돌 4개, 단단한 나뭇가지(약 30센티미터) 4개, 호두 4개

먼저 술래 세 사람을 정한다. 그리고 술래들은 각각 조약돌, 나뭇가지, 호두를 두 개씩 들고 어떤 소리를 낼지 생각한 뒤에 친구들한테 들려준다.

술래는 각자 놀이 장소에서 멀지 않은 곳에 몸을 숨긴다. 물론 술래가 모두 숨을 때까지 아이들은 눈을 감고 기다려야 한다. 술래들이 모두 숨으면 교사는 돌, 나뭇가지, 호두 가운데 하나로 소리를 낸다.

예를 들면, 호두 두 개를 부딪쳐 술래가 냈던 소리를 그대로 들려주면, 아이들은 술래들 중에서 호두를 갖고 있는 아이를 찾으면 된다.

음절수에 맞는 자연물 찾기

86

놀이 인원 3명 이상   준비물 그루터기, 나무막대(약 30센티미터)
음절수가 다른 네 가지 자연물

술래는 나무막대를 들고 그루터기 앞에 앉아 '북치는 아이' 역할을 맡는다. 나머지 아이들은 서로 다른 자연물들을 찾아 그루터기에 올려놓고 둘러서서 자연물을 가리키며 흙, 솔잎, 솔방울, 나뭇가지라고 말하며 음절수를 센다.

'북치는 아이'는 각 자연물 이름의 음절수에 따라 흙은 한 번, 솔잎은 두 번, 솔방울은 세 번, 북 치는 연습을 한다. 준비가 되면 술래는 눈을 감고 아이들은 그루터기 위에 놓여 있는 자연물을 한 개씩 잡아 손을 뒤로 하고 선다. 술래가 북을 두 번 치면 솔잎을 가진 아이는 솔잎을 아이들에게 보여주고 자연물 이름과 음절수를 말한다. 그리고 다음 술래가 된다. 새롭게 놀이가 시작되면 손에 든 자연물을 그루터기에 올리고 같은 방법으로 반복한다.

어떤 악기놀이를 할까?

87

놀이 인원 6명 이상   준비물 나뭇가지, 조약돌, 나무껍질 등 자연물

모든 아이는 부딪쳐 소리를 내며 악기 놀이를 할 수 있는, 같은 자연물 두 개를 구해 온다. 그러고는 둥글게 서서 모두가 알고 있는 신나는 노래를 부른다.

이때 한 친구가 원 가운데 들어가 손에 들고 있는 자연물로 노래에 맞춰 리듬치기를 한다. 그런 다음 다른 자연물을 가진 아이를 지명하면, 그 아이가 원 가운데로 들어가 리듬치기를 한다.

모두 돌아가면서 리듬치기를 한 다음, 마지막에는 모두 제자리에 서서 리듬치기를 하며 놀이를 마친다.

제8장

상상력을 키우는 놀이

아이들은 숲활동을 하다가 틈틈이 "휴식의 섬"에 머무르게 된다.
이곳에서 아이들은 새로운 활력을 얻게 되는데, 이때 가만히
누워서 쉬기보다는 쉼을 정적인 프로그램 곧 상상여행에
연결하는 것이 좋다.

활동과 쉼을 반복함으로서, 아이들은 육체적, 정서적 리듬을
적절히 유지하고, 나아가 스스로 활력을 얻는 방법을
깨우치게 된다. 이러한 상상여행을 통해 아이들은 창의력의
뿌리가 되는 상상력을 키워 간다.

바깥 날씨가 좋지 않아 숲에서 진행하기 어려우면, 실내
공간에서 정적인 프로그램, 곧 상상여행을 떠나는 것도 좋다.
상상여행을 떠나기 전에 아이들이 반드시 신발을 벗고
돗자리 위에 편안한 자세로 드러눕는다. 교사는 낭독할 때,
부드럽고 편안한 목소리로 낭독하고 글 읽는 속도는
아이들의 반응을 살피면서 적절히 조절한다.
상상여행을 떠나기 전에 자연물들을 활용한 놀이를 하면
상상여행에 도움이 된다.

큰 활엽수를 찾아서

88

준비물(실외) 돋보기

준비물(실내) 확대한 활엽수 사진, 사진 속 활엽수 잎, 나뭇가지, 나무껍질

실외 아이들은 숲에 있는 활엽수 가운데 하나를 선택해 그 나무 껍질을 쓰다듬어 보고 그 조직과 생김새를 관찰한 뒤 포옹한다. 또한 나뭇잎을 살펴보고 특징을 이야기하고, 돋보기로 나무껍질에 살고 있는 작은 곤충들을 꼼꼼히 살펴보기도 한다.

아이들은 고개를 들고 나무 꼭대기를 올려보면서 나무가 얼마나 높이 자랐는지도 본다. 그런 다음 나무 아래에 돗자리를 펴고 편한 자세로 누워 잎들이 바람에 흔들리는 풍경을 바라본다.

실내 아이들은 의자를 둥글게 놓고 앉는다. 교사는 나뭇잎, 나뭇가지, 나무껍질 등 준비한 자연물을 아이들한테 나누어 주고, 아이들은 자연물들을 만지고 살펴보며 준비된 사진을 충분히 살펴본다. 그런 다음 돗자리를 펴고 누워 편안한 시간을 갖는다.

이야기나라로의 여행 네가 큰 나뭇잎을 가진 나무라고 상상해 보자.

땅속으로 깊고 넓게 뻗은 뿌리가 있기에 너는 튼튼하게 서 있을 수 있단다. 뿌리는 나무가 자라는 데 필요한 물을 흡수하고, 나무 줄기는 물관을 통해 나뭇잎에 물을 운반한단다.

그리고 나무껍질은 나무에 보호막 구실을 하는데, 사람으로 치면 옷과 같은 역할을 한단다. 이제 마음을 편안하게 가지고 천천히 숨을 들이마시고 내쉬렴.

봄이 되면 굵은 가지에서 잔가지들이 자라고, 그 잔가지에서 연초록 나뭇잎들과 꽃들이 피어난단다. 그러면 아름다운 새들이 날아와 그곳에 둥지를 틀고 알을 낳는단다.

이렇게 다른 생명이 깃들어 살 수 있는 나무란 아주 멋진 존재란다. 나무는 무성한 잎으로 새들이 안전하게 살 수 있도록 하고, 새들은 나무에 생긴 벌레들을 잡아먹는단다.

나무와 새는 서로 도우며 살아가는 좋은 친구란다.

여름이 되면 네 잎사귀들은 짙은 초록으로 변한단다. 푸른 하늘을 바라보며 감탄하고, 새들이 날아와 귓가에서 재잘거리는 소리를 들으며 네 안의 고요함을 느껴 보자.

자, 숨을 천천히 들이마시고 내쉬렴. 마음을 편안하게 하고 천천히 숨을 들이마시고 내쉬렴.

가을이 되면 잎은 붉게 물들고, 바람은 그 나뭇잎들을 나뭇가지에서 하나둘 떼어낸단다. 그러면 나뭇잎들은 춤추듯 땅으로 내려와 살포시 자리를 잡는단다.

그리고 작은 고슴도치는 겨울을 따뜻하게 지내게 해 줄 나뭇잎들을 기쁘게 맞이한단다. 숲에 사는 생명들은 모두 한 식구이며 서로 돕고 살아간단다.

자, 편안하게 숨을 들이마시고 내쉬고 또 들이마시고 내쉬렴.

겨울이 되면 네 나뭇가지 위로 함박눈이 내려와 쌓인단다. 눈 덮인 숲은 아름답고 평화롭고 고요하단다. 그 평화로움은 네 안에도 새로운 힘을 만들어 준단다.

이제 눈을 살며시 뜨고, 두 손으로 주먹을 꼭 쥐며 힘차게 쭉 뻗어 보렴. 그리고 천천히 일어나서 두 팔을 공중으로 쭉 펴고 아주 크게 외쳐 보렴.

"나는 나무처럼 멋있고 아주 강하다!"

풀밭 침대

89

준비물(실외) 방수 방석
준비물(실내) 민들레, 들국화, 앵초, 탬버린, 들판 그림

　실외 꽃이 가득한 들판에서 아이들이 여유롭게 민들레와 앵초 등을 관찰한다. 꽃향기를 맡고, 가장 크거나 작은 꽃들을 찾아본 뒤 말로 표현해 본다. 들판에 있는 풀벌레들을 관찰하고 조심스레 누울 수 있는 곳을 정한다.

　실내 교사는 꽃들을 바닥에 흩어 놓고 아이들은 꽃의 색깔과 형태를 눈여겨본다. 적당한 시간이 흐른 뒤, 교사는 탬버린을 치고, 아이들은 박자에 맞추어 실내를 자유롭게 걸어 다닌다.

　잠시 뒤, 교사는 탬버린을 멈추고 바닥에 있는 꽃 가운데 하나를 설명한다. 교사가 설명하는 꽃이 무엇인지 알아챈 아이는 꽃을 집으러 뛰어간다. 몇 차례 반복한 다음 교사는 들판 그림을 펼쳐 놓고 아이들이 살펴보게 한다. 관찰을 마치고 각자 돗자리를 펼치고 편안한 자세로 눕는다.

이야기나라로의 여행 너는 지금 아름다운 꽃으로 덮인 들판 위에 누워 있단다. 풀들이 부드럽게 살결에 와 닿고, 따스한 햇살이 몸을 따뜻하게 감싸고 있어 기분이 참 좋단다. 마치 포근한 침대에 폭 안겨서 편하게 누워 있는 것처럼 말이야.

하늘을 바라본 뒤, 두 눈을 꼭 감아 보렴. 다시 눈을 뜨고 흘러가는 솜뭉치 같은 뭉게구름을 바라보며 마음을 편안하게 가져 보렴. 자, 숨을 들이마시고 내쉬고 또 들이마시고 내쉬면서 마음을 편하게 가지렴.

이제 너는 날개를 팔랑거리며 나는 노랑나비를 발견한단다. 나비는 어디로 날아갈까? 나비가 꽃잎에 사뿐히 앉는 모습을 바라보며 고요함을 느껴 보렴. 숨을 들이마시고 내쉬고, 또 들이마시고 내쉬면서 마음을 편하게 가지렴.

가벼운 산들바람이 불어와 들판에 핀 꽃들을 살랑살랑 흔들고 있단다. 풀이 가득한 들판에서 포근함을 느끼며 상쾌하게 스치고 지나가는 바람을 즐기면서 마음을 고요히 가라앉히렴.

자, 숨을 들이마시고 내쉬고, 또 들이마시고 내쉬고 마음을 편하게 쉬게 하렴.

너는 지금 꽃밭에 누워 있단다. 고운 날개를 가진 나비들과 힘차게 날갯짓하는 벌들이 노란 꽃, 하얀 꽃, 붉은 꽃들을 부지런히 날아다니는 게 보인단다. 그 꽃밭에 누워, 너는 지금 아주 행복하단다.

　자, 이제 눈을 뜨고 두 주먹을 꼭 쥐어 보렴. 그리고 머리 위로 힘차게 기지개를 켜 보렴. 그리고 천천히 일어나 두 팔을 머리 위로 쭉 뻗으며 외쳐 보렴.
　"나는 꽃으로 가득한 들판처럼 상쾌하다!"

숲 속 봄의 색

준비물(실외) 방수 방석
준비물(실내) 이끼, 나무껍질, 잎, 들장미 열매, 들꽃, 돗자리, 숲 소리 음악

색깔은 사람의 기분과 행동에 큰 영향을 준다. 빨강색은 활기와 활력을, 노랑이나 주황색은 생명력과 기쁨을, 파랑색은 긴장을 풀어 준다. 또 밤색은 땅을 연상하게 하고 녹색은 침착하고 한결같음, 희망을 상징한다.

이렇게 볼 때 수많은 자연 색깔이 있는 숲에서의 활동은 아이들한테 매우 유익한 영향을 끼친다. 새봄이 되어 자연이 새로운 생명으로 깨어나고 모든 것이 다채로운 색으로 빛날 때, 숲에서 새로운 색을 찾는 여행을 떠나는 것은 유익한 활동이다.

실외 봄에는 아이들과 따스한 봄바람을 느끼며 새순이 돋은 숲을 걸으며 이곳저곳에 피어난 개나리, 진달래, 민들레, 애기똥풀 같은 꽃들을 찾아본다.

아이들은 노란색 계열의 따스한 색과 초록색 계열의 차가운 색

을 구분한다. 그리고 자기 마음에 드는 색깔의 꽃을 선택해 편안한 마음으로 바라본다.

실내 교사는 바닥에 이끼와 나무껍질 한 조각, 잎, 들장미 열매, 들꽃을 둥근 모양으로 흩어 놓은 뒤, 숲에서 나는 여러 소리가 담긴 음악을 튼다.

그러고는 "숲으로 가자!" 하며 아이들을 초대한다. 자연물 주변을 시계 방향으로 때로는 시계 반대 방향으로 돌면서 아이들한테 자연물 색깔을 눈여겨보라고 말한다.

아이들이 자연 숲에서 따뜻한 색과 차가운 색을 구분하는 것과 같은 효과를 낼 수 있도록 한다. 아이가 원하면 자신이 좋아하는 색이 아닌 다른 색을 선택해도 좋다.

아이들은 자연물을 중심으로 몇 바퀴 돌고 난 뒤, 한 사람씩 좋아하는 색깔의 꽃을 택해 그 앞에 돗자리를 깔고 편안하게 드러눕는다.

이야기나라로의 여행 어느 따스한 봄날, 너는 초록빛 숲 입구에 서서 참새, 산비둘기, 딱따구리 들이 들려주는 아름다운 노랫소리를 듣고 있단다. 이제 너는 천천히 발걸음을 옮겨 숲으로 한 걸음 또 한 걸음 들어가고 있단다.

그때 어디선가 빠르게 나무를 쪼는 소리가 들려온단다. 너는 발걸음을 멈추고 소리가 들려오는 쪽을 바라본단다. 그곳에는 딱따구리가 단단한 부리로 나무기둥을 쪼고 있단다.

그 소리는 먼 곳까지 울려 퍼진단다. 너는 천천히 숨을 들이마시고 내쉬며 아주 고요하고 평온하다고 느낀다.

이제 너는 다시 걸음을 옮겨 조금 더 깊은 숲으로 들어간단다.

나무들 사이로 파란 하늘이 보이고 나뭇가지에 있는 둥지도 보인단다. 새들은 밤색 나뭇가지와 초록빛 긴 풀잎, 노란 볏짚 따위로 둥지를 짓는단다.

둥지에는 짙은 밤색 점들이 새겨진 알들이 깨어나기를 기다리고 있단다.

너는 다시 발걸음을 옮겨 숲으로 걸어들어 간단다. 너는 그곳에서 재미있게 놀고 있는 붉은 새끼 여우 두 마리를 보게 된단다.

여우가 노는 데 방해가 될까 봐 너는 발소리를 한껏 낮추고 조용히 그곳을 지나친단다. 그 숲길에서 너는 아름다운 무늬를 가진 버섯을 발견한단다.

너는 몸을 낮추어 그 버섯을 살펴보고, 그것이 독버섯임을 알고 만지지 않고, 그저 호기심 가득한 눈으로 살펴보기만 한단다.

너는 다시 발걸음을 옮겨 편안한 마음으로 숲길을 걷는단다. 네 주위에는 부드러운 초록빛 나뭇잎이 가득하고 나뭇잎 사이로 푸른 하늘이 보인단다.

바람은 편안하게 너를 감싸며 지나가고 햇볕은 따뜻하단다. 너는 천천히 숨을 들이마시고 내쉬며 아주 평온함을 느낀다.

이제 너는 숲에서 나와 분홍색 앵초 꽃이 피어 있는 드넓은 풀밭을 지나 집으로 돌아간단다.

한 걸음 한 걸음, 집이 가까워지고 있단다. 너는 이제 드디어 집에 도착했단다. 자, 이제 눈을 뜨고 팔을 쭉 뻗어 기지개를 켜렴. 그리고 크게 외쳐 보렴.

"내 몸은 숲처럼 상쾌하다!"

초록색에도 여러 가지가 있다

91

준비물(실외) 초록색 식물, 풀, 돗자리
준비물(실내) 초록색 자연물, 수채화 물통, 물감, 흰색 도화지, 앞치마

숲에서 같은 색깔 계열을 찾는 활동을 할 수도 있다. 특히 다양한 식물이 자라는 숲에서는 여러 가지 초록색을 만날 수 있다. 딱히 초록색이 아니어도 된다.

밤색을 찾아보아도 되고 붉은색 계열을 찾아보아도 된다. 이렇게 색깔을 의식적으로 세심하게 구별하고 찾아보는 그 자체가 아이들한테는 대단한 경험이 된다.

실외 숲에서 할 수 있는 놀이는 그야말로 끝이 없다. 아이들은 숲에서 끝없이 만지고 보고 듣는데 이러한 감각을 놀이로 가져갈 수 있다. 아이들한테 이렇게 말해 보자.

"누가 밝은 초록색 또는 어두운 초록색을 발견할 수 있을까?"

이 놀이를 통해서 아이들은 발견의 기쁨을 알게 되고, 아울러 색에 대한 감각도 자연스럽게 키운다.

활동을 마치면 아이들은 자기가 원하는 곳에 돗자리를 펴고 드러눕는다.

실내 아이들은 앞치마를 두르고 흰색 도화지와 파란 물감, 수채화 물통을 준비한다. 책상에 둘러앉아 여러 가지 초록색을 표현해 본다. 그런 다음 앞치마를 벗고 모두 둥글게 둘러앉아 서로 표현한 초록색을 비교해 본다.

교사는 초록빛 자연물을 아이들에게 보여주면서 색상 차이를 살펴보게 한다. 그러는 사이에 아이들은 밝고 어두움에 따라 표현되는 다양한 색상을 인식하게 된다.

활동을 마치면 아이들은 자기가 원하는 곳에 돗자리를 펴고 드러눕는다.

이야기나라로의 여행 너는 지금 편안한 마음으로 숲길을 걷고 있단다. 짙은 초록색이 가득한 숲길을 걷던 너는 오래된 은행나무를 발견한단다.

은행나무 껍질은 초록빛 이끼로 가득 덮여 있고, 은행잎이 짙은 초록색을 띠고 있단다. 초록색 은행잎을 바라보면서 네 마음은 더욱 편안해진단다.

너는 숲길을 걷다가 어느 황초록색 잎사귀에 앉아 있는 청개구리를 만난단다. 청개구리는 폴짝 초록색 풀밭으로 뛰어들어 어디론가 가고 너는 다시 숲길을 평화롭게 거닌단다.

햇살은 초록빛 나뭇잎들을 비추고 그 나무 아래서 너는 편안하게 숨을 들이마시고 내쉬어 본단다.

너는 천천히 발걸음을 옮겨 숲길을 걷고 있단다. 저 멀리 옅은 초록색의 푹신한 방석 같은 것을 발견하고는 좀 더 가까이 다가간단다. 그것은 바로 이끼였단다.

너는 몸을 낮추고 손을 내밀어 조심스럽게 이끼를 쓰다듬어 본단다. 이끼는 촉촉하고 부드럽단다. 이제 너는 천천히 숨을 들이마시고 내쉬며 아주 고요하고 평온하단다.

자, 이제 충분히 쉬었으면 눈을 뜨렴. 그리고 팔다리를 쭉 펴면서 외쳐 보렴!

"나는 초록빛 잎처럼 기분이 상쾌하다."

새

92

준비물 깃털 2개

아이들은 동그랗게 앉아 깃털을 만져보고 살펴본다. 그리고 깃털 생김새나 특징을 표현하고, 자기가 아는 새 종류를 말해 본다.

또 어떤 새가 겨울철을 보내기 위해 남쪽으로 이동하는지, 새들이 좋아하는 먹이는 무엇인지 등 새들의 생태에 대해 아는 만큼 자유롭게 이야기한다.

이때 교사는, 수리부엉이는 들쥐를, 왜가리는 물고기를 참새는 작은 곤충을 즐겨 먹는다는 것을 알려 주고 왜가리나 참새와 같은 우리나라 토종 새와 앵무새 같은 나라밖에서 들여온 새 종류에 대해서도 말해 준다.

교사가 설명을 마치면, 아이들은 좋아하는 새를 선택한 뒤, 모두 돗자리를 펴고 누워 새들이 날아가는 모습을 마음속으로 그려 본다.

이야기나라로의 여행 상상의 날개를 펴면 너는 무엇이든 될 수 있고 또 어디든지 날아갈 수도 있단다. 우리 모두 아름다운 새라고 생각해 보자. 깃털은 부드럽고 날갯짓은 힘차단다.

그런 네 모습은 참 아름다워 보인단다. 너는 높고 키 큰 나무보다 더 높이 날아다닌단다. 숨을 천천히 들이마시고 내쉬면서 마음을 평온하게 가지렴.

너는 높이 날면서 숲을 내려다본단다. 어느 화창한 날 하늘을 날면서 짙은 보랏빛 제비꽃을 발견하기도 하고, 야생동물들이 사는 숲을 내려다본단다.

네 마음은 아주 평온하고 행복하단다. 천천히 숨을 들이마시고 내쉬면서 그 평온을 느껴 보렴.

이제 너는 슬슬 숲을 떠나 크고 힘센 소들이 있는 초원으로 날아간다. 송아지들은 엄마 소 곁에서 풀을 뜯고 있단다. 너는 들판에 피어 있는 노랗고 하얀 민들레꽃을 내려다본다.

그러다가 집을 짓고 싶다는 생각이 들만큼 우람한 나무를 발견하고 그 나뭇가지에 내려앉는다.

햇볕이 따스한 날, 너는 나뭇가지를 날아다니며 아름다운 자연을 느낀단다. 숨을 천천히 들이마시고 내쉬렴. 네 마음은 지금 아주 평온하단다.

이제 눈을 뜨고 주먹을 쥐렴. 그리고 몸을 천천히 일으키며 기지개를 켜며 힘껏 외쳐 보렴.

"나는 하늘을 나는 새처럼 용감하다!"

민들레 홀씨

93

준비물(실외) 돋보기 준비물(실내) 민들레 꽃, 핀셋, 민들레 꽃 사진

실외 민들레는 이른 봄부터 꽃을 피운다. 노랗고 하얀 꽃은 아주 짧은 시간에 동그란 모양의 홀씨로 변해 바람에 날린다. 아이들은 민들레 홀씨 말고도 입으로 불어서 날릴 수 있는 홀씨들을 발견한다. 무릎을 굽혀 입으로 불기도 하고 하늘을 향해 불면서 낙하산처럼 땅 위에 떨어지기도 한다. 자세히 살펴보면 민들레 홀씨에는 자그마한 씨앗이 있음을 알 수 있다. 아이들은 활동을 마치고 편히 누워 쉰다.

실내 교사는 아이들이 민들레 홀씨를 살펴볼 수 있도록 돋보기를 나누어 준다. 그러고는, "홀씨가 어떻게 보이니?" "반짝 반짝 빛나는 홀씨에 무엇이 달려 있니?" "홀씨가 땅에 떨어지면 어떻게 될까?" 따위의 질문을 아이들한테 하고 설명도 곁들인다. 그 뒤 아이들은 돗자리를 깔고 편안하게 눕는다.

이야기나라로의 여행 지금부터 네 자신을 민들레 홀씨라고 상상해 보렴. 너는 앞으로 예쁜 민들레꽃을 틔울 수 있단다.

어때, 그 사실만으로도 자랑스럽고 기쁘지 않니? 너는 고요하고 평온한 상태로 다른 홀씨들과 함께 햇볕을 즐기고 있단다.

깊게 심호흡을 하면서 숨을 천천히 들이마시고 내쉬렴.

살랑살랑 바람이 불어오는구나. 이제 너는 이곳을 떠나 먼 여행길을 떠나려한단다. 네 마음은 더없이 편안하고 몸도 가볍단다. 처음 만나는 길을 걷고 또 재미있는 모험을 하리라는 기대로 네 가슴은 한껏 부풀어 있다.

다시 바람이 불기 시작하고, 너는 나무 위로 높이 날아올라 수많은 꽃들을 내려다보고 있단다. 너는 지금 아주 높은 하늘에서 평온한 상태로 떠 있단다.

이제 숨을 천천히 들이마시고 내쉬렴. 네 마음은 지금 아주 평온하단다.

다시 길을 나서야 할 시간이구나. 너는 지금 드넓게 펼쳐진 푸른 초원 위를 날아가고 있단다. 저 멀리 아름드리나무가 바람에 흔들리는 모습이 보이는구나.

바람이 점점 거세어져서 나무를 흔들지만, 큰 나무는 바람을 잘 견디고 우뚝 서 있구나. 그런 나무를 보면서 네 가슴에도 어떤 알 수 없는 힘이 솟는구나.

나무의 힘을 가슴에 품고 너는 다시 날아간단다. 꽃밭이 보이고 그곳에서 벌이 꽃 사이를 날아다니며 꽃가루를 모으고 있구나. 너는 그 모습을 좀 더 가까이에서 보고 싶어 한단다.

그때 바람이 불어와 너를 살며시 풀밭에 내려놓는다. 너는 평온한 마음으로 천천히 숨을 들이마시고 내쉰단다.

너는 평화롭고 네가 있는 곳도 고요하단다. 너는 지금 어느 풀밭에서 쉬면서 민들레 홀씨가 된 것을 기뻐하고 있다.

자, 이제 눈을 뜨렴. 그리고 몸을 천천히 일으켜 기지개를 켜고 외쳐 보렴.

"나는 새로 태어난 민들레처럼 예쁘다!"

숲에서 귀 기울여 듣기

준비물(실외) 돗자리, 베게   준비물(실내) 민들레, 토끼풀, 앵초, 풀

실외 아이들은 눈을 감고 풀밭에 앉는다. 조용한 가운데 자연에서 들려오는 소리에 귀를 기울인다. 잠시 뒤, 모두 눈을 뜨고 자기가 들은 소리에 대해 말한다. 이어서 교사는 숲활동을 하는 곳에서 흔히 볼 수 있는 동물들과 그렇지 않은 동물들을 섞어서 말한다. 아이들은 숲활동 장소에서 흔히 볼 수 있는 동물이라고 생각되면 손을 높이 든다. 놀이가 마무리되면 돗자리를 깔고 누워서 쉰다.

실내 아이들은 둥글게 모여 앉고, 교사는 원 안에 민들레, 토끼풀, 앵초, 풀 따위를 흩어놓는다. 그 뒤, 술래가 원 안으로 들어가 날아다니며 꽃을 찾는다. 이때 아이들은 술래 행동을 보고 어떤 동물을 표현하는지 알아맞히면 된다. 정답을 맞힌 아이는 다음 술래가 된다. 새로 술래가 된 아이 또한 숲에 사는 곤충이나 동물

흉내를 내며 풀밭을 돌아다닌다. 술래는 풀밭 위에서 개굴개굴 소리를 내며 뛰어다니는 개구리가 될 수도 있고, 사뿐사뿐 날갯 짓을 하는 나비가 될 수도 있다. 그렇게 아이들은 몇 차례 놀이를 하고 돗자리에 눕는다.

이야기나라로의 여행 햇살이 참 좋은 어느 날, 너는 맨발로 풀밭을 걷고 있단다. 발바닥에 닿는 부드러운 풀잎의 감촉을 느끼며 아름답게 피어난 꽃들을 보고 서 있단다.

이제 숨을 천천히 들이마시고 내쉬렴. 네 마음은 지금 아주 평온하단다.

이제는 숲에서 나는 소리에 귀 기울여 보렴. 풀잎과 꽃들이 바람에 이리저리 스치는 소리가 들리고, 부드러운 바람이 네 뺨을 스친다.

벌들이 붕붕 소리를 내며 민들레꽃에서 부지런히 꽃가루를 모으고 있단다. 이제 숨을 천천히 들이마시고 내쉬렴. 네 마음은 지금 아주 평온하단다.

너는 천천히 풀밭을 걷고 있단다. 풀밭에서 고양이를 만난단다. 눈처럼 하얗고 부드러운 털이 햇빛에 반짝이고 있단다. 그 모습에 반한 너는 고양이한테 다가가 머리를 쓰다듬어 준다.

이제 숨을 천천히 들이마시고 내쉬렴. 네 마음은 지금 아주 평온하단다. 이제 집으로 돌아갈 시간이란다. 너는 길에서 많은 것을 보았단다. 맨발로 걸으며 느낀 부드러운 풀의 감촉과 바람이 일으킨 소리를 떠올려 보렴. 벌들이 꽃가루를 모으는 모습과 풀밭에서 만난 눈처럼 하얀 고양이를 떠올려 보렴.

자, 이제 집에 도착했다고 생각되면 눈을 뜨렴. 천천히 일어나 기지개를 켜고 외쳐 보렴.

"나는 지금 무척 행복하다!"

작은 민들레

준비물 민들레꽃, 옅은 녹색 종이(A4 크기) 노랑, 초록, 검정, 흰색 색연필

아이들은 둥글게 모여 앉는다. 그 가운데 민들레꽃을 두고 조심스럽게 만져 보고 냄새로 맡아 본다.

아이들은 민들레꽃을 잘 살펴본 뒤에 색연필로 옅은 녹색 종이에 민들레꽃을 그린다. 그림을 다 그린 아이들은 풀밭에 돗자리를 깔고 눕는다.

이야기나라로의 여행 민들레는 우리 주변에서 흔히 볼 수 있는 꽃이란다. 이제 너는 노란 꽃, 하얀 꽃을 피우고 홀씨로 변하는 민들레가 되어 풀밭에 서 있단다.

네 마음은 아무런 걱정 없이 아주 평온하단다. 이제 천천히 숨을 들이마시고 내쉬렴.

햇살이 좋은 어느 날, 구름 한 점 없이 푸르른 하늘을 보며 풀밭에 서 있단다. 너는 이런 햇빛을 무척 좋아한단다.

네 마음은 아무런 걱정 없이 아주 평온하단다. 이제 천천히 숨을 들이마시고 내쉬렴.

멀리에서 벌들이 나는 소리가 들려온다. 벌들은 너를 무척 좋아해서 늘 너를 찾는단다. 너도 그런 벌을 좋아한단다. 네 꽃잎에 앉아 꽃가루를 모으는 벌들은 언제나 사랑스럽단다.

네 마음은 아무런 걱정 없이 아주 평온하단다. 이제 천천히 숨을 들이마시고 내쉬렴.

저 멀리 산등성이로 해가 뉘엿뉘엿 지고 있구나. 석양에 물든 서쪽 하늘은 언제나 아름답단다. 이제는 너도 꽃봉오리를 닫고 잠들 시간이란다. 네 주위는 조용하고, 이런 고요함 속에서 우리가 편히 쉴 수 있단다.

네 마음은 아무런 걱정 없이 아주 평온하단다. 이제 천천히 숨을 들이마시고 내쉬렴.

이제 태양이 다시 떠오르고 있다. 눈을 뜨고 몸을 천천히 일으키며 기지개를 켜자. 그러고는 힘차게 외쳐 보렴.

"온 몸에서 새로운 힘이 솟는다!"

버터 바른 빵과 민들레

준비물 빵, 버터, 민들레

환경오염이 되지 않은 곳에서 채취한 민들레는 맛도 좋을 뿐만
아니라, 비타민C, 마그네슘, 칼슘, 칼륨 등을 함유하고 있어 몸에
도 좋다.

민들레 잎과 꽃을 뜯어서 흐르는 찬물에 씻은 다음, 깨끗한 마
른 행주로 물기를 닦는다. 빵에 버터를 바르고 깨끗이 씻은 민들
레 잎과 꽃을 빵에 올린다.

샐러드 기름 과일 식초   설탕   소금 후추   야채

민들레꽃으로 샐러드 장식하기

준비물 (8-12인분)양상추 1개, 한 손 가득 민들레 잎, 민들레 꽃 1송이
송이버섯, 삶은 계란 4개

양상추를 잘 씻어서 물기를 뺀 뒤 자른다. 민들레 잎을 잘 씻어서 물기를 없앤 뒤 긴 모양으로 자른다. 양송이는 얇게 저민다. 삶은 계란은 작게 자른다. 민들레꽃은 잘 씻어서 물기를 없앤다. 움푹하고 커다란 샐러드 그릇에 민들레꽃을 제외한 모든 준비물을 넣는다.

드레싱을 하려면, 샐러드 기름과 과일 식초 각각 5 찻순가락, 설탕 찻순가락 1/2, 소금과 후추 약간, 야채가 있어야 한다. 이렇게 재료가 준비되어 있다면, 이제 재료들을 잘 혼합해 드레싱을 완성한다. 샐러드 용기 여러 야채가 고루 담아 드레싱으로 버무린다. 완성된 샐러드 위에 민들레꽃으로 장식한다.

제9장

숲활동을 마무리하는 놀이

자연 숲활동의 장점은 온 몸으로 내적 감정과 욕구를
마음껏 표현할 수 있다는 것이다. 상상의 한계는 물론이려니와,
활동의 한계도 없는 곳이 바로 자연 숲이기 때문이다.
이제 하루의 숲활동을 마무리하기 위해서는, 자연에서
발산한 동적인 에너지를 정적인 에너지로 되돌리는
시간이 필요하다. 즉, 몸을 사용하는 활동보다 조용히 앉아
하루를 정리하는 과정이다.
그렇다고 해서 마치 흥미로운 영화가 끝나버린 것처럼
아이들을 허무함에 휩싸이게 해서는 안 된다.
우리는 수수께끼를 풀기 위해 내가 보고, 듣고, 느낀
모든 경험을 동원하던 즐거운 추억을 가지고 있다.
수수께끼나 스무고개는 예나 지금이나 누구에게든
크나큰 즐거움을 준다. 이 수수께끼 놀이는 모든 아이를
한 자리에 붙들어 묶는 힘이 있다. 아이들은 수수께끼의
해답을 찾으려고 상상력을 발휘하고 발표력을 키우게 된다.

수수께끼는 이어지는 힌트가 궁금증을 더욱 일으켜 해답을
들을 때까지 긴장과 호기심이 이어진다.

해답을 찾았을 때의 만족감과 성취감, 해답을 들은 뒤에 오는
감탄과 아쉬움이야말로 가히 수수께끼의 매력이라 할 수 있다.
자연 숲에서의 하루 활동 마무리를 수수께끼와 스무고개로
이어가는 것은 육체적 활동으로 들떠 있는 아이들의 정서를
차분하게 눅여 집으로 돌아갈 수 있게 하는 중요한 과정이다.
수수께끼와 스무고개 대신 이야기를 들려 주고 함께 노래를
부를 수도 있지만, 숲에서 더 뛰어 놀고 싶은 아이들한테서
이야기나 노래로는 자발적 참여를 이끌어 내기가 쉽지 않다.
수수께끼 마무리 과정에는 몇 가지 규칙이 있다.
수수께끼의 해답을 말할 때, 자기 차례를 지키는 것이다.
설령 먼저 발표하는 아이가 정답을 맞출 것 같은
조바심이 일어도 참을 수 있어야 한다.

여러 아이들이 동시에 답을 외치는 혼란스러운 상황을
막기 위해, 둥글게 앉아 시계 방향으로, 다음 구절을
음절에 맞춰 한 아이씩 돌아가며 외친다.
"네!"에 해당하는 아이가 원 가운데로 나가 답을 말할 수 있다.

누. 가. 누. 가. 잘. 들. 었. 나.
수. 수. 께. 끼. 가. 풀. 리. 네!

정답이 아닌 경우, 다시 위 구절을 함께 외치며
수수께끼의 답을 말할 수 있는 자격을 얻는다.
수수께끼는 쉽고 간단해야 한다.
수수께끼와 스무고개는 숲활동 마무리를 위한 과정뿐만
아니라 활동의 변화가 필요한 경우, 시간과 장소에
구애받지 않고 언제든지 할 수 있다.

알쏭달쏭 수수께끼 놀이

준비물 없음

나는 푸르고 부드러운 풀 위에서 팔짝팔짝 뛰는 것을 좋아합니다.
나는 절대로 크고 통통한 토끼는 아닙니다.
나는 푸르고 아주 크게 노래할 수 있습니다.
특히 여름에 찌르륵 찌르륵 높은 소리를 내며 웁니다.
나는 무엇일까요?

해답 메뚜기

나는 아주 멋진 집을 가지고 있습니다.
가끔은 집이 없는 종류도 있습니다.
바다에 사는 내 친구들은 해초나 플랑크톤을 먹습니다.
나는 움직일 때 소리를 내지 않습니다.

나는 무엇일까요?

해답 달팽이

자연에서는 나를 반기는 것들이 많습니다.
집안에서는 사람들이 나를 싫어합니다.
나는 먹이를 구하기 위해 그물을 짜야 합니다.
내가 짠 그물에 걸린 곤충들은 보통 꼼짝하지 못합니다.
나는 무엇일까요?

해답 거미

나는 도시나 시골 어디에서나 볼 수 있습니다.
나는 키가 작고 푸른색을 띠고 있습니다.
사람들은 맨발로 나를 밟고 지나가는 것을 좋아합니다.
나를 밟는 느낌은 폭신하며 부드럽습니다.
나는 무엇일까요?

해답 풀(잔디)

나는 꽃을 가득한 들판을 날아다닙니다.
나한테는 많은 친구가 있습니다.

그 친구들과 함께 꽃가루를 찾아가는 길입니다.
내가 날 때는 붕붕! 하는 날갯짓 소리가 납니다.
나는 무엇일까요?

해답 꿀벌

나는 부드러울 때도 있고 딱딱할 때도 있습니다.
나는 나무좀벌레를 싫어합니다.
나를 다 벗겨 내면 나무는 살아갈 수 없습니다.
나는 사람으로 치자면 나무에서 옷과 같은 역할을 합니다.
나는 무엇일까요?

해답 나무껍질

나는 강가나 바닷가에 삽니다.
나는 고운 알갱이를 가지고 있습니다.
나는 예전에는 큰 바위였고 돌멩이였습니다.
사람들은 나를 가지고 성을 짓기도 합니다.
나는 무엇일까요?

해답 모래

바람은 내 작고 하얀 우산들을 멀리 날려버립니다.
내 우산은 멀리 날아가 이곳저곳에 내려앉습니다.
봄에 나는 노란 꽃잎을 틔웁니다.
나는 여기저기에서 흔히 볼 수 있는 꽃입니다.
나는 무엇일까요?

해답 민들레

나는 얇고 평평합니다.
모양도 색깔도 여러 가지입니다.
늦가을 숲에 가면 나를 많이 볼 수 있습니다.
나를 밟으면 바스락 바스락 소리가 납니다.
나는 무엇일까요?

해답 낙엽

나는 아주 뾰족하지는 않습니다.
그렇지만 찌를 수는 있습니다. 농담이 아닙니다.
나는 겨울에도 푸름을 잃지 않습니다.
나는 소나무에 삽니다.
나는 무엇일까요?

해답 솔잎

나는 어디든지 올라갈 수 있습니다.
나무나 담벼락이 내 삶터입니다.
나는 잘 알려진 덩굴식물입니다.
나는 무엇일까요?

해답 담쟁이넝쿨

나는 긴 꼬리를 가지고 있습니다.
가을이 되면 도토리와 밤을 모읍니다.
땅이 얼기 전에 그 열매들을 묻어 둡니다.
겨울이 되면 둥지에서 편히 쉽니다.
나는 무엇일까요?

해답 다람쥐

나는 봄에는 초록색입니다.
나는 가을에는 갈색으로 변합니다.
새와 들쥐와 다람쥐는 내 씨앗을 좋아합니다.
나는 소나무에 삽니다.
나는 무엇일까요?

해답 솔방울

나는 땅 파기 선수입니다.

나는 땅을 파고 흙은 땅 밖으로 내던집니다.

내 집은 땅 속에 있습니다.

나는 주로 땅 속에서 있기 때문에 눈이 어둡습니다.

나는 부드럽고 진한밤색 털을 가졌습니다.

나는 무엇일까요?

해답 두더지

나는 나무 열매, 씨앗, 나무좀벌레를 즐겨먹습니다.

올빼미나 담비가 나타나면 얼른 몸을 숨깁니다.

나는 단단한 부리를 가지고 있습니다.

내가 부리로 나무를 쪼면 큰 소리가 납니다.

나는 무엇일까요?

해답 딱따구리

나는 곤충을 즐겨먹습니다. 다리가 짧은 편입니다.

나는 위험할 때 몸을 동그랗게 맙니다.

나는 가시로 된 털로 나를 지킵니다.

나는 무엇일까요?

해답 고슴도치

나는 나뭇가지에서 겨울을 납니다.
봄날에는 꽃잎 자주 앉아 있습니다.
내 날개에는 아름다운 무늬가 있습니다.
나는 나풀나풀 날아다닙니다.
나는 무엇일까요?

해답 나비

밤이 되면 나는 땅속에서 나옵니다.
어둠 속을 날아다니는 것을 좋아합니다.
나는 작은 곤충입니다.
내 꽁무니에서는 아름다운 빛이 납니다.
나는 무엇일까요?

해답 반딧불이

나는 여러 가지 자연물로 만들어집니다.
나는 나무 위에서 찾을 수 있습니다.
부화기에는 절대로 나를 건드려서는 안 됩니다.
어미 새가 알을 남겨 두고 가버리기 때문입니다.
나는 무엇일까요?

해답 둥지

나는 해가 저물면 동굴에서 나옵니다.

나는 날아다니며 곤충을 사냥합니다.

내 얼굴은 들쥐와 비슷하게 생겼습니다.

낮에는 거꾸로 매달려서 잠을 잡니다.

나는 무엇일까요?

해답 박쥐

나는 조심성이 많은 야생 동물입니다.

나는 개와 닮았고 꼬리가 깁니다.

나는 다리가 짧은 편이고 주둥이가 깁니다.

열매, 곤충 그리고 토끼를 즐겨먹습니다.

나는 무엇일까요?

해답 여우

나는 몸집이 큰 편이지만 풀을 먹고 삽니다.

나는 밤에 움직이는 것을 좋아합니다.

나는 길고 가는 네 다리를 가졌습니다.

위험할 때에는 긴 다리로 재빨리 도망갑니다.

나는 무엇일까요?

해답 사슴

나는 양서류입니다. 다 자라면 폴짝폴짝 뛰어다닙니다.
나는 푸른색이며 힘차게 노래합니다.
내 멋진 노래를 들어 볼까요? 개굴 개굴 개굴.
나는 무엇일까요?

해답 청개구리

나는 늘 그 자리에 있습니다.
나는 사람보다 오래 살기도 합니다.
나는 비와 바람과 태양을 좋아합니다.
나는 푸르기도 하고 붉어지기도 합니다.
나는 새들한테 훌륭한 집터입니다.
나는 무엇일까요?

해답 나무

나는 영국의 어느 간호사와 이름이 같습니다.
내 노랫소리가 아름답다는 것은 널리 알려진 사실입니다.
나는 숲 속에 사는 암갈색 새입니다.
겨울이 오면 따뜻한 아프리카로 날아갑니다.
나는 무엇일까요?

해답 나이팅게일

나는 부드러운 둥지에 있습니다.
둥지는 주로 나무 위나 덤불 속에 있습니다.
나를 깨뜨리고 새끼 새가 나옵니다.
나는 무엇일까요?

해답 새알

나는 번데기 안에서 변신합니다.
번데기에서 나오면 고운 날개가 생깁니다.
나는 꽃과 잘 어울립니다.
나는 무엇일까요?

해답 나비

제10장

헤어질 때하는 놀이

숲 속에서의 하루는 아이들한테 좋은 추억과 즐거움을
느낄 수 있도록 해 주었다. 모든 아이는 숲에서 보낸 하루를
즐거운 마음으로 잘 마무리할 수 있어야 한다.
서로에게 다가가 눈을 마주치며 작별 인사를 하는
짧은 마무리 놀이들은 숲활동에 피곤하거나 흥분되어 있는
아이들의 마음을 차분하게 하고 뒷날에 있을
숲활동을 기대하게 하는 효과가 있다.
다만, 이러한 마무리 놀이는 시간에 쫓기면 안 된다.
아이들이 시간에 쫓길 경우에는, 놀이에 대한 집중력이
떨어지고 성의 없는 활동으로 마무리가 흐지부지 될 수 있다.

또한 마무리 놀이는 모든 아이들이 모임의 일원이라는 것을
경험할 수 있도록 해 주어야 한다. 따라서 마무리 놀이는
경쟁심이나 개인적인 성취감 등을 자극하지 않아야,
모든 아이가 편안한 마음으로 숲활동을 정리할 수 있다.
마무리 놀이는 숲활동의 규칙을 지킬 수 있는 과정이기도 하다.
예를 들어, 숲에서 가지고 놀던 자연물들을 정리하고,
각자 소지품을 챙긴다. 또 헤어질 때 부르기로 약속한 노래를
함께 부르는 등 미리 약속한 숲활동의 원칙을 지킨다.
마무리 놀이는, 시작만큼이나 중요한 것이 마무리라는 점과
끝까지 최선을 다해야 한다는 것을 배우는 중요한 과정이다.

하나, 둘, 셋. 다시 만나자!

준비물 단단한 나뭇가지(약 30센티미터)

모든 아이는 단단한 나뭇가지를 준비한다. 다 함께 '헤어질 때 하는 구절'을 말하며 숫자가 나올 때는 나뭇가지 두 개를 마주치 며 "하나", "둘", "셋"이라고 말한다.

  하나, 둘, 셋, 내일 다시 만나자!
  넷, 다섯, 여섯, 이제는 집으로 가자!
  일곱, 여덟, 아홉 그리고 열, 내일 다시 만나자! 안녕!

이 꽃을 받아 줘!

100

놀이 인원 5명 이상 준비물 꽃 한 송이

아이들이 둥글게 모여 서면 술래가 꽃 한 송이를 가지고 원 안으로 들어가 선다. '헤어질 때 하는 구절'의 음절에 맞춰 꽃으로 친구들을 한 명씩 가리킨다.

구절이 끝날 때 술래가 가리킨 아이는 그 꽃을 받아 들고 술래 역할을 이어받는다.

꽃은 건넨 아이는 가방을 가지러 가고 나머지 아이들은 새로운 술래와 함께 '헤어질 때 하는 구절'을 다시 말한다. 마지막 한 아이가 꽃을 받을 때까지 놀이를 이어간다.

아이들이 어릴 때에는 '헤어질 때 하는 구절'이 끝날 때 옆에 있는 친구한테 꽃을 주게 한다.

안녕! 내일 다시 만나자!
이 꽃을 받아 주렴!

누구 차례일까!

준비물 여러 종류의 자연물

모든 아이는 서로 다른 자연물을 두 개씩 구해 와 둥글게 선다. 그러고 자연물 한 개는 손에 들고 있고 한 개는 원 가운데 놓는다. 교사는 아이들이 놓아둔 자연물이 있는 곳에 앉아 '헤어질 때 하는 구절'을 말한다.

여러 가지 자연물들이 여기 있구나!(자연물들을 둘러본다.)
조약돌이 정말 예쁘다!(여러 가지 자연물 중 하나를 집어 든다.)

조약돌을 들고 있는 아이는 친구들한테 조약돌을 보여준 뒤, 가방을 가지러 간다.

원하는 동작은 무엇일까?

102

준비물 없음

모두 둥글게 앉은 상태에서 교사는 한 아이의 특징이 되는 옷이나 신발 색깔, 머리카락 길이 따위를 말한다.

교사가 자기 모습을 말하고 있다고 생각하는 아이는 손을 들고 확인한다. 맞으면 아이는 '헤어질 때 하는 구절'을 말한다.

헤어질 때 나는
뒷걸음으로 갈 테야!(원하는 동작을 말한다.)

모든 아이가 뒷걸음을 하고, 아이는 가방을 가지러 간다. 그밖에도 한 발로 뛰거나 옆걸음으로 가거나 발끝이나 발뒤꿈치로 살금살금 걷는 동작을 할 수 있다.

여러 나라 인사말

103

준비물 없음

놀이를 시작하기 전에 교사는 아이들한테 다른 나라에 헤어질 때 하는 인사말을 알려준다. 교사가 양손으로 리듬을 정해 박수를 치면 아이들은 자유롭게 움직인다.

교사가 손뼉을 멈추면서 '프랑스 인사말'이라고 하면, 아이들은 제자리에 서서 모두 함께 손을 흔들며 'Au revoir' 하고 외친다. 교사는 다시 박수를 치고 아이들은 자유롭게 움직인다. 같은 방법으로 여러 나라 인사말을 한 다음 헤어진다.

한국어: 안녕! 다시 만나!

이탈리아어: 얼리비더치Arrivederci! 치아오Ciao!

독일어: 아우프비더센Aufwiedersehen

일본어: 사요나라さよなら

중국어: 짜이찌엔再见

누가 기차역에서 내릴까요?

104

준비물 단단한 나뭇가지(약 30센티미터)

아이들은 단단한 나뭇가지를 오른손에 들고 한 줄로 선다. 나뭇가지를 든 오른손은 뒷사람이 잡을 수 있게 뒤로 하고, 왼손은 앞으로 뻗어 앞 사람의 나뭇가지를 잡아 기차 형태를 만든다.

맨 앞에 선 아이는 기관사가 되어 속도를 조절하면서 기차를 이끌다가 교사가 "멈추세요, 역에 도착했습니다!" 하면 그 자리에 멈춘다. 그리고 조용히 귀를 기울여 교사가 외치는 숫자를 듣는다. 예를 들어 "다섯"을 외치면 기관사부터 시작해서 하나, 둘, 셋을 세기 시작한다. 다섯 번째 아이는 '헤어질 때 하는 구절'을 말하며 기차에서 빠져나온다.

나는 이제 기차에서 내립니다.
내일 다시 만나자! 안녕!

남은 아이들은 놀이를 같은 방법으로 계속하면서 한 명이 남을 때까지 계속한다. 놀이 인원이 많을 때에는 2, 3개 숫자를 동시에 말해도 된다.

조약돌로 만든 그림

105

준비물 넓고 둥근 나무판, 조약돌

아이들은 조약돌을 들고 둘러앉고 그 가운데에 둥근 나무판을 놓는다. 먼저 술래가 조약돌을 나무판 위에 올려놓고 다른 친구 앞에 선다. 그러면 그 친구는 자리에서 일어나 술래와 악수하고 손에 들고 있는 원 안으로 들어가 나무판에 조약돌을 놓는다.

그 사이에 술래는 친구가 있던 자리에 앉는다. 조약돌을 나무판 위에 놓은 아이는 술래가 되어 또 다른 친구한테 다가가 악수를 한다. 이렇게 조약돌을 나무판에 모두 올려놓으면 아이들은 자리에서 일어나 조약돌 그림을 바라보면서 '헤어질 때 하는 구절'을 함께 말한다.

함께 있는 것은 참 좋다.
내게 힘과 용기를 준다.
내일 다시 만나 즐겁게 놀자!

가을 낙엽

106

준비물 잎이 넓은 낙엽

아이들은 잎이 넓고 큰 낙엽 두 장을 손에 들고 둥글게 선다.
그러고는 마무리 시구를 말하며 운율에 맞추어 춤을 춘다.

가을바람, 노래하는 가을바람

가을바람, 춤추는 가을바람

(양손을 앞으로 뻗어 나뭇잎을 아래위로 흔든다.)

보아라, 바람이 나뭇잎을 흔드는 것을

보아라, 바람이 나뭇잎을 마구 흔드는 것을

(양손을 머리 위로 들고 살살 흔들다가 조금씩 세게 흔든다.)

가을 색으로 물든 나뭇잎들

나무에서 떨어지며 안녕! 하고 인사한다.

("안녕"이라 말하며 나뭇잎을 떨어뜨린다.)

나무판으로 하는 작별 인사

107

준비물 굴리기 좋은 둥근 나무판

아이들은 둥글게 앉고 술래는 두 눈을 감고 둥근 나무판을 굴린 뒤에 가방을 챙기러 가면 된다.

놀이를 하면서 술래와 아이들은 헤어질 때 하는 구절, 곧 "네게 굴러가는 이 나무판은 내가 건네는 작별 인사"를 함께 말한다.

나무판을 받은 아이는 다음 술래가 되어 눈을 감고 다시 나무판을 굴린다. 놀이는 두 아이가 남을 때까지 하고, 끝까지 남은 두 아이는 나무판을 교사한테 주며 함께 작별 인사를 한다.

이제는 집으로 갈 시간

준비물 작은 조약돌

아이들은 동그랗게 서고 술래는 그 가운데에 들어가 눈을 감는다. 교사는 다른 한 아이에게 신호를 보낸다. 그 아이는 작은 조약돌을 집어 주먹을 쥐고, 손바닥을 편 다른 손 위에 얹는다.

이때 다른 아이들도 같은 손 모양을 한다. 이제 술래는 주먹을 살짝 건드려 조약돌을 쥐고 있는 손을 찾으면 된다. 술래가 주먹을 건드리면 아이를 주먹을 펴서 조약돌이 있는지 없는지를 보여 주어야 한다.

술래가 맞힌 친구는 '헤어질 때 하는 구절'을 말하고 가방을 챙기러 간다.

즐거운 놀이가 끝났네.
이제는 집으로 갈 시간!